Heinrich A. Willers: Über Nacht geht's los – Wenn alle vom Frieden reden...".

Wenn ihr weiter schlaft,
seid ihr alle verloren.

Alexander Solschenizyn

Maria,

DER
FRAU
ALLER
VÖLKER,

gewidmet.

„Wenn man auf meine Bitten hört, wird Rußland sich bekehren und es wird Friede sein. Wenn nicht, so wird es seine Irrtümer in der Welt verbreiten, Kriege und Verfolgungen der Kirche hervorrufen, die Guten werden gemartert werden, der Heilige Vater wird viel zu leiden haben; mehrere Nationen werden vernichtet werden...“.

(Die Gottesmutter in Fatima)

Bestelladresse für Österreich:
Mediatrix-Verlag, A-3423 St. Andrä Wördern, Gloriette 5.

Bestelladresse für Deutschland:
Mediatrix-Verlag, D-8262 Altötting, Kapuzinerstraße 7, BRD.

Weitere Bestelladresse:
Mediatrix-Buchhandlung, A-1010 Wien, Seilerstätte 16.

1. Auflage 1990

ISBN 3 85406 122 6

Printed in Austria 1989
Herstellung und Druck:
Offsetdruckerei Dr. Ranner, A-1210 Wien

Heinrich A. Willers

Über Nacht geht's los

Wenn alle vom Frieden reden...

Mediatrix-Verlag
A-3423 St. Andrä-Wördern, Gloriette 5

INHALTSVERZEICHNIS

DIE WELT IST GEWARNT

Ein dramatisches Signal

Die Schüsse in Rom auf den Papst am 13. Mai 1981 um 17.17 Uhr dringen wie gewaltige Paukenschläge an das Gewissen der Welt!

Hier ist kein Zufall am Werk!

Der 13. Mai, das ist der Tag der ersten Fatima-Erscheinung!

Und zweimal die Siebzehn, da wird doch ganz unmißverständlich auf die Ereignisse und Aussagen von 1917 in Fatima hingedeutet. Naiv, wer das nicht sieht!

Es ist heller Wahnsinn, „Fatima" auszuschlagen!

Davor will die dramatische Attentatsszene am 13. Mai 1981 warnen. Sie ist ein Zeichen der Zeit, das man kaum falsch verstehen oder deuten kann.

Die Projektile der bei dem Attentat verwendeten Pistole haben eine bewundernswerte, providentielle „Maßarbeit" geleistet, wie sie kein Chirurg, kein Operateur je leisten könnte, so wunderbar, daß der Papst trotz verheerendster Verwundung doch seine volle Gesundheit wiedererlangen konnte.

Dieses ist ein Zeichen dafür, daß die finsteren Mächte am Ende, wie vorhergesagt, doch ihre Waffen vor Maria, der Schlangenzertreterin, strecken müssen und werden.

Auch ein Zeichen für die liebende, helfende Hand derjenigen, der sich der Papst total anvertraut hat: Totus tuus!

„Fatima", das ist Hoffnung, das ist Sieg des Guten über das Böse.

Aber „Fatima", das ist auch Entscheidung!

Lassen wir nicht das der Allgemeinheit inhaltlich noch völlig unbekannte dritte Geheimnis, welches den Seherkindern in Fatima anvertraut wurde, außer acht! Es bedeutet Warnung in höchster Potenz. Sie bezieht sich auf eine Zukunft, die keine Phantasie auszumalen imstande ist, auch nicht diejenige des Dichters der „Göttlichen Komödie". Aber weil es ein Fatima gibt, d.h. einen Rettungsanker, um aus dieser von den Menschen selbst verursachten Misere, diesem fürchterlichsten Dilemma der Weltgeschichte, herauszukommen, darum, so muß man sagen, sind die Menschen selbst für diese Zukunft, wenn sie eintritt, verantwortlich.

Es ist notwendig, daß die Paukenschläge an das Gewissen der Welt vom 13. Mai 1981 um 17.17 Uhr im Bewußtsein der Menschen wachgehalten werden und lebendig bleiben.

Werden Ozeane zu Feuer und Dampf?

Soll es im Zusammenleben der Völker friedliche, harmonische, gesunde Verhältnisse geben, so müssen andere Mächte zum Zuge kommen als die aufrüstenden politischen und militärischen Großmächte. Denn sie sind in der Tat der schwächste Punkt unserer Hoffnung geworden.

Sie können uns nicht helfen, nicht die fatale Weltlage verbessern, weil sie dazu ja gar nicht die richtigen Mittel haben. Sie sind ja gar nicht von dem Geist beseelt, der allein die entscheidende Wende herbeiführen kann. Mit immer mehr und neuen materiellen, explodierenden Waffen können sie doch nur die Lage verschärfen und den Untergang herbeiführen.

Sie tun ja gar nichts gegen die Ursachen unserer Bedrohungen. Denn das materielle Aufrüsten ist ja nur zu verstehen als die Folge kranker innerer Zustände unserer menschlichen Gesellschaft.

Die Menschen machen durch ihre Abkehr von Gott, durch ihre Sünden und Laster, ihren Luxus und Egoismus, ihren

Hochmut und Stolz sehr negative Geschichte. Geschichte und der seelische Zustand unserer Gesellschaft gehören zusammen. Das eine erklärt das andere. Es ist ein Gesetz. Dieses steht auf einem sehr realen Untergrund:

Die Weltgeschichte ist stets das Spiegelbild eines unsichtbaren, aber umso unnachgiebigeren Kampfes zweier Geisteswelten. Man kann sie mit zwei Namen verdeutlichen: Luzifer — Michael!

Entweder gehört man der einen oder der anderen Seite an. Ein Mittelding gibt es nicht.

Luzifer, das ist: Haß, Neid, Stolz, Lüge, Unreinheit, Mord!

Michael, das ist: Liebe, Wahrheit, Gerechtigkeit, Demut, Reinheit, Erbarmen!

Wer den Frieden will, muß sich auf die richtige Seite schlagen und auf dieser entschieden kämpfen.

Die Bewahrung der Menschheit vor dem Schicksal Sodomas und Gomorrhas leidet Gewalt!

Wir stehen ohne Zweifel in geheimnisvoller Nähe dieses Schicksals, weil die Verbreitung von Gottlosigkeit und Unsittlichkeit die damaligen Verhältnisse in Sodoma und Gomorrha (nach gewissen Informationen) sogar überflügelt hat.

Würde dieses Schicksal eintreten, so bedeutet es: „Die Wasser der Ozeane werden zu Feuer und Dampf werden. Millionen und Abermillionen werden von einer Minute zur anderen umkommen!“ (drittes Geheimnis von Fatima). Ob es aber dazu kommt, darüber entscheidet das Gesetz:
WAS WIR GESÄT HABEN, DAS WERDEN WIR ERNTEN!

Wetterleuchten

„Maschinenhaft schreitet die Entwicklung weiter, diktiert von der Physik und Technologie, Politik und Strategie in ihren Bann ziehend, alle Wissenschaften zum Dienste rufend.

Aber dennoch fällt die Entscheidung über Sein und Nichtsein nicht in den Laboratorien und Waffenarsenalen, auch nicht in den Regierungen und Stäben, sondern in der Gnade und Gerechtigkeit des Schöpfers und Herrn der Welt.

Diesen besticht keine Macht, und dieser wägt nur den Menschen!

Wie sehr auch immer seelenlose Apparate zu wirken beginnen: Entscheidend für den Fortbestand ist die Anerkennung Gottes, des Herrn.

Die Ursache für den Untergang ist die Selbstvergötterung des Menschen in seinem Wahn.

Der Ruf des Herrn in der Zeit läßt sich überhören; nicht aber der Donner des nuklearen Feuers, vor dem die Erde heute zittert."

Bernhard Philberth

„Wir Christen müssen und dürfen daran glauben, daß wir eine grundlegend veränderte, gereinigte geistige und sittliche Umwelt zu schaffen in der Lage sind. Eine Kirche, die Gott selbst als ihren Gründer, Leiter und Inspirator zu eigen hat, hat es weder nötig noch darf sie es sich erlauben, vor weltlichen Einflüssen und Mächten zu kapitulieren.

Resignation paßt nicht zum Vertrauen auf die unermeßliche, grenzenlose Macht und Liebe Gottes."

Heinrich H.A. Willers

„Es wird allerhöchste Zeit, daß ein Mittel gegen die Mikrobe der menschlichen Dummheit erfunden wird, damit die Menschen nicht weiterhin nichts aus den Erfahrungen zweier Weltkriege lernen und nicht sogar trotzdem noch einen Dritten Weltkrieg vom Zaune brechen, den sie bereits in vollkommenster Weise vorbereitet haben."

Nach dem Film „Dr. Prätorius" von Kurt Goetz.

„Zum ersten Male in der Geschichte hängt das physische Überleben der Menschheit von einer radikalen seelischen

Veränderung des Menschen ab!"

Erich Fromm in „Haben und Sein".

„Denn die Mächte und Kräfte, die Gesetze und Ordnungen, das Geistige und die Materie in der allgewaltigen Schöpfung Gottes sind auf Gott ausgerichtet und haben nur in ihm Bestand. Alles, was von ihm abfällt, muß sich unausweichlich in sich selbst vernichten."

Bernhard Philberth

„Der Mensch hat der Weisheit den Rücken gekehrt und sich der Tragik hingegeben."

Maurice Blin

„Es kann leicht sein, daß der Mensch den point of no return, den Punkt, von dem es keine Rückkehr mehr gibt, bereits überschritten hat. Dann wird das Ende unausweichlich."

Herbert Gruhl in „Das irdische Gleichgewicht, Ökologie unseres Daseins".

„Es gibt überwiegende Gründe für die Befürchtung, daß das Ende der menschlichen Geschichte auf dieser Erde begonnen hat, infolge der fatalen Entwicklungen, welche die Politiker geradewegs verbissen ansteuern. Sie werden Opfer ihrer eigenen Ziele, denn jedes Lebewesen ist Lebewesen der Natur; und das Wesen, welches die Natur denaturiert, denaturiert damit notwendig sich selbst; es gibt kein Eiland der Privilegierten mehr; das ist die eigentliche Tragweite der ökologischen Krise, an deren Beginn wir uns heute befinden.

Die Maximierung technischer Konstruktion in der Lebenswelt muß unweigerlich zum Tod der Lebenswelt führen.

Allenthalben muß man erkennen, daß immer mehr negative Bedingungen für die Zukunft geschaffen werden.

Hunderte von Atomkraftwerken werden gebaut, Tausende von Tonnen radioaktiven Mülls jährlich erzeugt, die in noch gefährlicherer Weise wiederaufgearbeitet oder auf Jahrtausende gelagert werden müssen.

Zehntausende von Raketen mit Atomsprengköpfen liegen in immer mehr Ländern der Erde abschußbereit."

Herbert Gruhl

„Ich persönlich glaube", sagt der Atomphysiker Prof. Dr. Max Thürkauf, „daß Christus um der Kinder willen die Gesetze des radioaktiven Zerfalls außer Kraft setzt. Eine andere Rettung vor der tödlichen Vergiftung der Erde mit der sowohl von der zivilen als auch militärischen Atomtechnologie erzeugten künstlichen Radioaktivität sehe ich nicht. Auch hinsichtlich der vielen anderen Umweltzerstörungen kann ich eine Rettung der Erde nur durch ein Eingreifen Gottes in die Naturgesetze sehen."

In „Christuswärts", Thürkauf, S. 44 ff

Ein Eingreifen Gottes im (Dritten Welt-)Krieg, bevor die Menschen durch Atomkräfte unsere Erde zerstört und unbewohnbar gemacht haben werden, wird auch in der wohl berühmtesten „Weissagung" aller Zeiten, die von einer dreitägigen Finsternis handelt, vorhergesagt. Der in seinen vielen Vorhersagen verblüffend zuverlässige, bekannte bayrische Hellseher Alois Irlmeier schildert diese Finsternis so:

„Finster wird es werden an einem Tag unterm Krieg. Dann bricht ein Hagelschlag aus mit Blitz und Donner, und ein Erdbeben schüttelt die Erde. Dann geh nicht hinaus aus dem Haus! Die Lichter brennen nicht, außer Kerzenlicht, der Strom hört auf. Wer den Staub einschnauft, kriegt einen Krampf und stirbt. Mach die Fenster nicht auf. Alle offenen Wasser werden giftig und alle offenen Speisen, die nicht in verschlossenen Dosen sind..."

Höchst interessant ist die Bemerkung Irlmeiers:

„Die Gesetze, die den Kindern den Tod bringen (§ 218!), werden ungültig nach der ‚Abräumung'!"

Als Irlmeier dieses schrieb, gab es noch kein solches Gesetz! Auch gab es noch keine Neutronenbombe, die er so beschrieb: „Die Panzer fahren noch, aber die darin sitzen sind schon tot, sind ganz schwarz geworden. Dort, wo es (die Bombe) hinfällt, lebt nichts mehr, kein Vieh, kein Gras, das wird welk und schwarz.

Die Häuser stehen noch. Was das ist, weiß ich nicht und kann es nicht sagen."

„Ich bin die Liebe. Die Liebe kann den von Satan gewollten Zerfall der Menschheit nicht zulassen!" — So spricht Jesus an den Priester Don Ottavio in einer Offenbarung am 10. September 1976.

„Jawohl, der Weltkommunismus bedeutet immer noch eine Bedrohung für jede freie Nation auf dieser Erde.

Die Gefahr, die der Menschheit im 20. Jahrhundert droht, geht nicht von diesem oder jenem Land, von diesem oder jenem politischen Führer aus. Sie geht aus von dem allgegenwärtigen Bösen, das sich im Kommunismus manifestiert.

Man muß schon mit Blindheit geschlagen sein, wenn man sich Erfolge von Verhandlungen mit einem herzlosen, eiskalten Gegner verspricht.

Die westliche Gesellschaft, so wie sie sich heute darstellt, ist gekennzeichnet durch einen ständig wachsenden Konsumrausch, durch die Scheu vor Arbeit, durch die Zerstörung der Familien, durch Drogensucht, durch Atheismus. So wie diese Gesellschaft heute ist, wird sie nicht überleben können.

Die Hoffnungen eines jeden Lebewesens auf dieser Erde können nur darauf gründen, den eigenen Geist zu stählen und die wirklichen Werte des Lebens vorzuleben."

Alexander Solschenizyn

„Und so möchte ich von diesem Ort aus, wo vor 35 Jahren das Leben so vieler Menschen in einem flammenden Augenblick ausgelöscht wurde, an die ganze Welt appellieren zugunsten des Lebens, zugunsten der Menschheit, zugunsten der Zukunft.

Den Staatsoberhäuptern und Regierungschefs, den Mächtigen in Politik und Wirtschaft rufe ich zu: Verschreiben wir uns dem Frieden, dem Frieden durch Gerechtigkeit!

Entscheiden wir uns feierlich, hier und jetzt, als Mittel zur Lösung von Streitigkeiten nie mehr Krieg zuzulassen oder gar zu suchen!

Versprechen wir unseren Mitmenschen, uns unermüdlich um Abrüstung und für die Ächtung aller Kernwaffen zu bemühen!

Laßt uns Gewalt und Haß ersetzen durch gegenseitiges Vertrauen und Solidarität!

Jedem Menschen in diesem Land und in der Welt rufe ich zu: Fühlen wir uns verantwortlich füreinander und für die Zukunft, über alle politischen und gesellschaftlichen Grenzen hinweg!

Lassen wir die Menschheit niemals mehr zum Opfer im Kampf zwischen wetteifernden Systemen werden!

Nie wieder darf es einen Krieg geben!"

Johannes Paul II. am 25.2.1981 in Hiroshima

„Wenn die Zeit des Herrn Jesus Christus gekommen ist, werdet ihr bemerken, daß falsche Propheten, Krieg, Zwietracht, Uneinigkeit verschwinden.

Nun bricht diese Zeit an ..."

Amsterdam, 31.5.1955, die „Frau aller Völker"

„Der falsche Geist herrscht in der Welt. Modernes Heidentum, Humanismus, Atheismus, moderner Sozialismus und Kommunismus beherrschen die Welt. — Hütet euch vor den falschen Propheten!"

„Frau aller Völker"

„Weltkriege sind nichts anderes als makrokosmische Auswirkungen der Kriege, die in den mikrokosmisch zersetzten Seelen geführt werden. Wären nicht schon in Millionen von Herzen Schlachten im Gang gewesen, so gäbe es auch keine auf den Kriegsschauplätzen der Welt."

„Der moderne Mensch ist kein geschlossenes Ganzes mehr, sondern ein wirres Bündel von Komplexen und Nerven. Er ist so aufgelöst, so sehr sich selbst entfremdet, daß er sich weniger als Person denn als ein Schlachtfeld vorkommt, auf dem zwischen tausend einander bekämpfenden Strebungen ein Bürgerkrieg tobt. In seinem Leben fehlt das eine, alles beherrschende Ziel. Seine Seele gleicht einem Radioapparat, der auf mehrere Stationen zugleich eingestellt ist. Statt eine Station deutlich zu bekommen, empfängt er nur unausstehliche Störlaute.

Christus, der Herr, legte die ganze Welt gegen eine einzige Seele auf die Waagschale und erklärte, daß die Seele mehr wert ist als die ganze Welt."

Fulton Sheen in „Friede ohne Fragezeichen"

„Die Gegenkirche (der Kommunismus) vermochte in 70 Jahren mehr Menschen unter ihre Herrschaft zu zwingen, als die Kirche Christi in 1900 Jahren gewann.

Der Kommunismus hat das größte Reich der Geschichte in wenigen Jahrzehnten errichtet! Durch seine Laien, die tüchtigsten der Geschichte!...

Nun heißt es, dieser Gegenkirche im Namen Gottes die Weltherrschaft streitig zu machen durch die Bruderschaft des Poverello: Da hilft keine Diplomatie, kein Dialog, keine Koexistenz. ...

Die Kommunisten haben den Kirchen das Pfingstfeuer gestohlen, nur eine Poverello-Kirche vermag es zurückzugewinnen.

Wie die christlichen Kirchen tritt der Marxismus mit einem Missions- und Erlösungsauftrag unter die Völker — mit durchschlagendem Erfolg.

Der dialektische Materialismus wurde binnen kurzer Zeit

die herrschende Staatsphilosophie in den Weltreichen der Sowjetunion, Chinas, in den Satellitenstaaten und bestimmt heute auch das Schicksal Asiens, zum Teil Europas, Mittel- und Südamerikas und breitet sich unaufhaltsam aus unter der Jugend und den Intellektuellen des Westens.

Die Werke Lenins und erst an zweiter Stelle die Bibel waren im Jahre 1966 die am häufigsten in andere Sprachen übersetzten Bücher.

1976 war Mao Tse Tung der meistgedruckte Autor: 800 Millionen Bücher in 53 Sprachen!

Der Kommunismus mit seinen direkten primitiven Methoden hat sich im Sinne der Nächstenliebe als erfolgreicher erwiesen als die Kirchen, einfach weil überhaupt etwas unternommen wurde.

Die geringste Verwirklichung ist christlicher als die schönste Predigt.

Die Zeit arbeitet gegen die Kirchen."

Aus: „Franziskus, rette meine Kirche!" von Dr. Karl Ipser

„Mittlerweile haben die Kommunisten ihre Lehre, ihre Ideen und das, was daraus geworden ist, zum Weltproblem Nr. 1 gemacht. Dieses Problem zu überwinden geht auch nicht anders, als Aktivitäten der Christen auf Weltebene zu entfalten.

In diesem Sinne sollten alle, den gleichen Gott anbetenden, Völker aller Sprachen, Rassen und Kulturen dieser Erde den einen, gleichen Gott um Hilfe und Frieden anrufen. Diese gleiche Intention von einem Milliardenheer von Betern ihrem gemeinsamen Gott vorgetragen, das könnte und würde eine Wende herbeiführen.

Was der atheistische Kommunismus auf der Welt destruktiv gewirkt und zerstört hat, das müssen — und sie werden es können — gläubige Menschen aus der Kraft Gottes wieder wettmachen und aufbauen.

Die Technik unseres modernen Zeitalters erlaubt es, binnen kürzester Frist Kontakte bis in jeden Winkel dieser Erde aufzunehmen und aufrechtzuerhalten. Darum ist die Idee einer gemeinsamen Bestürmung Gottes in globaler Größenordnung keine Utopie. Sie ist möglich.

Sie stellt eine optimale positive Kraftentfaltung dar.

Jedes Weltproblem ist eine Frage innerer Qualitäten der Menschen, z.B. des Glaubens, der Liebe, der Demut, der Tapferkeit. Je totaler die Menschen auf die Barmherzigkeit Gottes setzen, umso totaler werden Krieg und Untergang jede Wahrscheinlichkeit verlieren.

Es ist schaudererregend zu bedenken, wie viel für die Zukunft der Menschen von uns Christen abhängt! Die Bewährung der Christen ist auf eine letzte, entscheidende Probe gestellt. Von dem Bestehen dieser Probe hängt buchstäblich und unabweisbar die Zukunft der Menschheit ab."

Heinrich H.A. Willers

„Täuscht euch nicht! Gott läßt keinen Spott mit sich treiben: was der Mensch sät, das wird er auch ernten. Wer im Vertrauen auf das Fleisch sät, wird vom Fleisch Verderben ernten; wer aber im Vertrauen auf den Geist sät, wird vom Geist ewiges Leben ernten."

Gal. 6,7-8

„Das Wort des Herrn erging an Jona:
Mach dich auf den Weg und geh nach Ninive, in die große Stadt, und rufe ihr die Strafbotschaft zu, die ich dir sage.

Und Jona machte sich auf den Weg und ging, dem Wort des Herrn gehorsam, nach Ninive.

Ninive war eine große Stadt vor Gott, drei Tagesreisen breit. Jona begann damit, in die Stadt hineinzugehen, einen Tag weit, und rief aus: Noch vierzig Tage, und Ninive ist zerstört!

Die Leute von Ninive glaubten Gott. Sie riefen ein Fasten aus und legten Sackzeug an, vom Größten bis zum Kleinsten. Da sah Gott ihr Tun, daß sie umkehrten vom Weg des Bösen, und Gott reute das Böse, das er ihnen anzutun gedroht hatte, und er tat es nicht."

Jon. 3,1-5;10

„Der Mensch ist nicht der Gott der Schöpfung, sondern ihr ‚König von Gottes Gnaden'.

Wirkt er Gutes, so laufen auch die Elemente die ihnen vorgeschriebene Bahn. Tut er Böses, so zieht er selbst die rächenden Strafgerichte der Elemente auf sich herab. Sie empören sich wider ihn. Sie kündigen ihm den Dienst, und seine ‚Macht schlägt um in Ohnmacht'.

Hierin sieht Hildegard den letzten Grund für die sich häufenden Katastrophen der Endzeit."

(„Hildegard" von Monika zu Eltz.
Herder-Druck, Freiburg im Breisgau, 1966)

Punkt im Universum

Die Erde aus der Mondperspektive

Die Erde — ein wie kleiner Punkt im Universum!

Aber welch eine Welt für die Menschen!

Welche Geschichte ist doch diese Weltgeschichte!

Muß die Fortsetzung dieser Geschichte auch eine Fortsetzung von Konflikten, Kriegen oder Katastrophen sein?

Haben wir Menschen sie denn nicht in der Hand?

Soll Geschichte denn wirklich nur in passiver Ohnmacht für die Mehrheit ablaufen müssen?

Wenn die größte Armee der Welt — alle Menschen guten Willens — sinnvoll organisiert wird und sie ihre Energien in ein Programm der Liebe und des Friedens investiert: N E I N !

Die Erde — im Vergleich zum Mond welch wunderbarer Planet!

Sie ist der Stoff, aus dem der Mensch, ihre edelste Frucht, gebildet wurde.

Sie ist sein Schicksal, da sie ihn zum ständigen Kampf, zu Saat und Ernte, zur Mitwirkung an der Schöpfung Gottes und zum Einsatz all seiner Kräfte herausfordert.

Er wird am Ende zu ihr zurückkehren.

Aber sein Dasein ist erfüllt von höheren Kräften und Verheißungen, die ihn zur Unendlichkeit bestimmen.

Denn er ist Ebenbild Gottes!

Verschiedene Standpunkte

Dreimal die Erde

Wie verschieden sehen die Dinge
der Welt doch aus!
Je nach dem Standpunkt!
Und wie verschieden, je nach der
Information!
Das Bemühen, genug und richtig
informiert zu sein,
gehört zur Würde des Menschen
und zu den Grundlagen
einer friedlichen Welt!

APOKALYPTISCHE ZEITEN

Otto Hahn

Tor zur Apokalypse aufgestoßen

Der Mensch, ein Ebenbild Gottes, auch als Träger großer Macht!

Er besitzt — wie Gott selbst — Macht über Macht und kann verantwortbar mit Macht umgehen.

Gott ist sehr weit gegangen mit der dem Menschen verliehenen Würde und Freiheit.

Wird der Mensch mit dieser Würde, mit dieser Freiheit fertig?

Otto Hahn war nicht der Erfinder der Atombombe.

Das hat er oft temperamentvoll beteuert.

Aber er hat das „Streichholz" zum Entzünden des atomaren Feuers, die Uranspaltung, entdeckt und dadurch — ungewollt — das Tor zur Apokalypse endgültig aufgestoßen.

Das hat ihm zwar hohe Ehre eingebracht, aber glücklich hat es ihn nicht gemacht.

Er schrieb einmal seiner Frau: „Das Uran ist fast ein Fluch für mich!"

Nach dem Atombombenabwurf in Hiroshima war er so verzweifelt, daß seine Freunde fürchteten, er werde sich das Leben nehmen.

Noch am 4. September 1953 erklärte er auf einer Forschungs-Konferenz in Helsinki, er hätte seine Atomarbeiten niemals publiziert, wenn er dieses Ergebnis vorausgesehen hätte.

Der eigentliche „Vater der Atombombe" war Robert Oppenheimer.

Dieser äußerte, von tiefer Reue gepackt, im Namen seiner Mitarbeiter: „Wir haben das Handwerk des Teufels getan!"

Im Juli 1959 sagte Hahn: „Warum immer wieder Versuche, wo doch schon so viele Wasserstoffbomben bereit liegen, das Leben auf der Erde auszulöschen?" Das ist über 30 Jahre her.

Das Tor zur Apokalypse wurde aber durchaus nicht allein durch die Uranspaltung Otto Hahns endgültig aufgestoßen, denn es war vieles andere am Werk, die Apokalypse zur Reife zu bringen.

Die Uranspaltung ist letzten Endes ein neutrales Ereignis, nämlich ein wissenschaftliches Forschungsergebnis. Sie hat nichts mit Gewissen und Schuld zu tun. Otto Hahn hatte mit seinem Forschungsprojekt nichts Böses und Tragisches im Sinn. Die Folgen seines wissenschaftlichen Bemühens sah er erst spät — leider zu spät.

Es geschahen schlimmere, schuldhaft herbeigeführte Dinge, und ohne sie wäre die Uranspaltung kein Fiasko für die Menschheit geworden.

Dramatisch kann sich die Menschheitsgeschichte nur entwickeln, wenn das Innere der Menschen das Drama verursacht und heraufbeschwört, wenn der Zündstoff zum Entfachen des apokalyptischen Feuers von den Seelen der Menschen geliefert wird.

Sehen wir doch, was in den Seelen der Menschen dieses Jahrhunderts vorgegangen ist:

Sie haben es zugelassen, daß von Rußland aus eine atheistische Idee die Welt eroberte.

Sie haben einen westlich und östlich geprägten Materialismus hochgezüchtet, die Entchristlichung Europas bewirkt und ein weiteres Vordringen atheistischer Ideen nicht behindert, haben dem Luxus und Wohlstand gehuldigt, Entsittlichung und Verfall herbeigeführt, den Egoismus zur Lebensmaxime erkoren und nicht einmal davor Halt gemacht, die eigenen Kinder im Mutterleib zu töten.

Sie haben die Ehrfurcht im allgemeinen und religiösen Bereich verloren, die Schöpfungslehre verfälscht und es abgelehnt, die grandiose Schöpfung als Gottes Werk anzuerkennen. Um das zu begründen, setzten sie Irrtümer und Lügen in die Welt.

Sie haben sich nicht den scheußlichen dämonischen Produkten in vielen Kulturbereichen widersetzt, ja sie tönen und posaunen die widerlichsten Pseudokünste in die Welt und irritieren besonders die Jugend durch machtvolle Propaganda und pausenlose niedrige Einflüsse aus unseren Medien.

Sie tun, als ob man mit dem Begriff „modern“ alles rechtfertigen könne, und bewegen mit psychologischen Tricks ganze Massen dazu, mitzumachen und „ins gleiche Horn zu blasen“. Sie wollten von Sünde, Teufel und Hölle nichts mehr wissen, schafften die Beichte ab, setzten den Wert des Zölibats herunter, leerten die Kirchen und entheiligten den Sonntag.

Sie hielten nichts von ehelicher Treue, unterhielten vor- und außerehelichen Geschlechtsverkehr, gründeten Sex-Shops und inszenierten Satansmessen.

Sie übten und förderten Gewalt und achteten nicht das Leben. Sie zerstörten die Umwelt und vergifteten die Nahrung, verübten millionenfachen Mord durch Abtreibung und töteten auf diese Weise in einem Jahr so viele Menschen, wie durch den Zweiten Weltkrieg umkamen.

Sie manipulierten mit der Erbmasse und stellten aus Foeten Seife und Kosmetika her.

Sie entwickelten industriellen und kulturellen Lärm, durchbrachen mit entsetzlichem Getöse die Schallmauer, beschädigen fortgesetzt die lebensnotwendige Ozon-Schicht der Atmosphäre.

Und sie rüsten und rüsten wider alle Vernunft, aber im Dienste eines schrecklichen, fürchterlichen Unterganges. Keine Schrecklichkeit der atomaren, biologischen und chemischen Waffen ist ihnen abschreckend genug, um auf den Weg des völligen Abrüstens gebracht zu werden.

Sie scheinen wirklich voll um den Verstand gekommen zu sein. Denn wie anders könnten sie sonst in einer solchen Zielstrebigkeit den Weg des Abgrundes wandern?

Wer ist es denn anders, der die Apokalypse Schritt für Schritt in Bewegung gesetzt hat, als der Mensch selbst?

Wer anders hat das Tor zur Apokalypse weit aufgestoßen, als er? Wer hat uns in diese verstrickte, verzweifelte Lage hineingebracht, wenn nicht der Mensch? Und er tat es und „mußte" es, weil der Friede aus seiner Seele ausgezogen war. Es wurde in seiner Seele der Platz frei für den Unfrieden und alles das, was dieser Unfriede an Konsequenzen nach sich zog.

Wer dem Unfrieden verfällt, verfällt nicht einer ungewissen Macht, sondern einer gewissen Person, in der die Tendenz zu Abgrund, Zerstörung und Untergang in der höchten Potenz wirksam ist.

Aber wenn wir so von den Menschen unseres Jahrhunderts sprechen, so können wir sie beileibe nicht alle meinen. Man darf alle diejenigen nicht außer Betracht lassen, die sich durch ihre Lebenshaltung, durch Gebet, gute Taten dieser unheilvollen Tendenz widersetzen.

Denken wir an die in aller Verborgenheit wirkenden Anbetungsorden, an die Männer und Frauen Gottes, die unaufhörlich dabei sind, gar noch Schlimmeres zu verhüten und die Fundamente zu bauen für den mit Sicherheit zu erwartenden, vorhergesagten Sieg der Unbefleckten Empfängnis und das baldige Kommen des Reiches Christi.

Und vergegenwärtigen wir uns doch einmal, daß die Zahl der Märtyrer auf der Welt so groß ist wie wohl nie zuvor! Wie viel Samen für den Frieden, für eine endgültige Niederschlagung höllischer Divisionen ist bereits gesät.

Wir müssen über die Apokalypse hinaussehen. Sie ist zwar schreckenerregend, aber dennoch eine kurze geschichtliche Periode. Gott, der Allmächtige, Allgütige, Allweise, ist der absolute Souverän der geschichtlichen Entwicklung. Er wird allem diabolischen Wirken der Jetztzeit, der Apokalypse, ein absolutes Ende setzen. Aufs Ganze gesehen, haben wir keinen Grund zur Verzweiflung, sondern zur Hoffnung. Gott wird die Tore wieder schließen, die der Mensch zur Apokalypse so weit aufgestoßen hat!

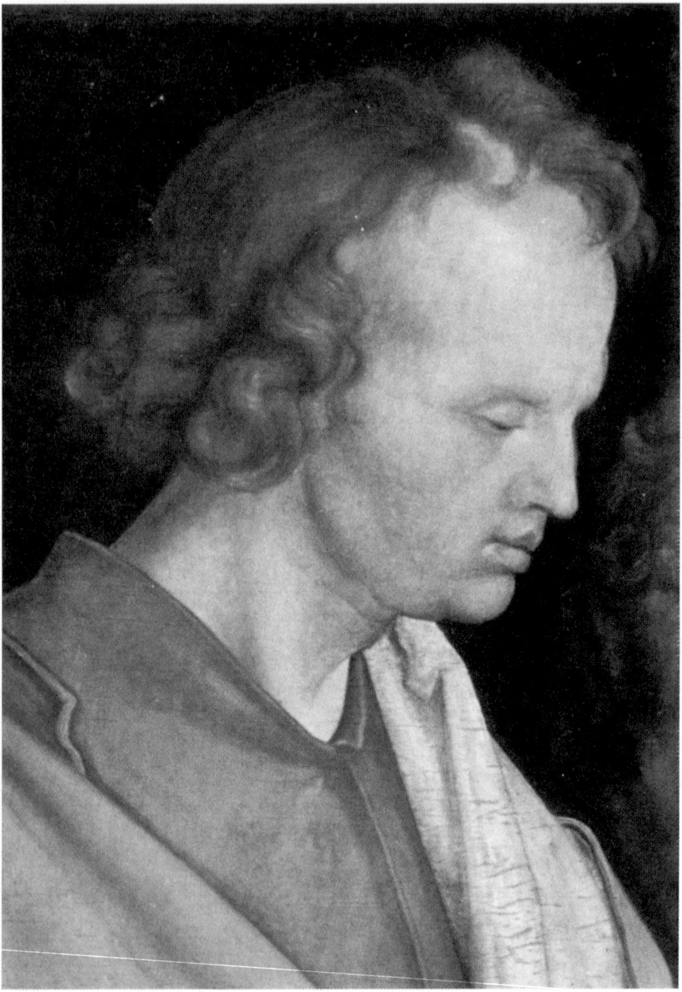

Dürer, Der Apostel Johannes

Zu dem Bild auf Seite 4:

Es handelt sich um den berühmten Holzschnitt Albrecht Dürers aus dem Jahre 1496 „Die vier apokalyptischen Reiter“. Es ist das dritte Bild seines vierzehnteiligen Werkes „Die Apokalypse“.

„Die vier Reiter, die beim Öffnen der ersten vier Siegel nacheinander erscheinen, galoppieren auf dem Holzschnitt in geschlossener Front über die Erde hinweg. Der letzte, der Tod, reitet vorn und befördert mit seiner Gabel die Menschen in den Rachen der Hölle — einen Kaiser als ersten. Das will sagen: Vor dem Tod sind alle Menschen gleich, wie es auch die Bilder des Jüngsten Gerichts und die Totentänze zeigen. Die drei anderen Reiter führen die Waffen des Krieges und die Waage als das Zeichen für Teuerung und Hungersnot.

Eine solche Phalanx hat man in der Kunst bis dahin nicht gesehen, und wir dürfen hinzufügen: auch nicht in der Folge bis ins 20. Jahrhundert hinein. Die Bewegung der Reiter reißt den Blick mit, und man glaubt das Donnern der Hufe zu hören.

In einer Zeit, in der das Darstellen der Bewegung in der Kunst durchaus zu den Ausnahmen gehörte, mußte dieses Bild, das durch seinen Inhalt schon alle Menschen betrifft, wahrhaft volkstümlich werden.“

Aus: „Die drei großen Bücher von Albrecht Dürer“
Die bibliophilen Taschenbücher Nr. 95
2. überarbeitete Auflage 1986
Harenberg Kommunikation, Dortmund 1979

Kein Buch mit sieben Siegeln mehr

„Selig, wer die prophetischen Worte dieses Buches liest, hört und beachtet.“
(Off. 1 / 7)

Es ist erstaunlich, und man muß es völlig unverständlich finden, daß nicht nur die breite Öffentlichkeit, sondern sogar die meisten jener, die sie von Berufs und Berufungs wegen mit großem Eifer beschäftigen müßte, von der Apokalypse so gut wie nichts verstehen.

Es stimmt zwar, daß vor uns viele Generationen die Apokalypse als ein in Dunkel gehülltes, wenn auch interessantes, geheimnisvolles Gebiet erkennen mußten.

Sie fanden sich damit ab und übergaben dieses Rätsel ungelöst ihren Nachfahren. Und so ging es weiter, von Generation zu Generation.

Doch bedarf es wirklich in besonderem Maße der Schärfe unseres Verstandes, um unsere Zeit als die Zeit der Apokalypse zu erkennen?

Wenn nicht, wie kann man sie, die doch für uns und alle unsere Zeitgenossen von so entscheidender Wichtigkeit ist, so bedenkenlos gleichgültig oder sogar überheblich beiseiteschieben?

Sie ist doch beileibe keine Unterhaltungslektüre, sondern ein Leitfaden, eine Orientierung für unser Verständnis und Verhalten in dieser einmaligen Zeit.

Wir sind es, die eine so außerordentliche, schwere und gefährliche geschichtliche Stunde erleben, der sich vor fast 2000 Jahren der Lieblingsjünger Jesu in hohem Alter auf göttliche Anweisung und Eingebung dieser unserer Zeit in realistischen Bildern gegenübergestellt sah.

Ihm wurden Offenbarungen zuteil, und zwar nicht für seine Person, sondern zur Kenntnisnahme und zum Nutzen einer in weit entfernten Jahrhunderten lebenden Generation. Diese Generation sind wir, die heute Lebenden.

Aber diese Offenbarungen waren verschlüsselt und wurden darum immer wieder anders gedeutet. Ja, sie waren bis zu einem von Gott vorgesehenen Zeitpunkt selbst für die gelehrtesten Männer unentschlüsselbar.

Wenn sich die Geheime Offenbarung des heiligen Johannes auf unsere heutige Zeit bezieht, dann ist dieses doch ein Faktum, welches uns zu denken geben sollte.

Es deutet darauf hin, daß dieser Zeitabschnitt ohne jeden Vergleich in der Geschichte ist, indem nämlich für die Menschheit so viel auf dem Spiele steht wie niemals zuvor. Mit ihr ist sozusagen der Höhepunkt des „Dramas Menschheitsgeschichte" erreicht.

Der von Gott vorgesehene Zeitpunkt der Entschlüsselung war das Jahr 1955.

Diese Entschlüsselung ist auf philosophisch-theologischem Wege erfolgt und wurde als Ergebnis einer vieljährigen, intensiven Forschung durch einen „Laien" erreicht.

Sie stellt ein epochales Ereignis dar. Denn sie ermöglichte es, mit absoluter Sicherheit und konkret die Aussagen der Apokalypse zu deuten.

Das Labyrinth der verschlüsselten Texte hatte mit ihr aufgehört zu existieren. Plötzlich nahmen die hinter den Verschlüsselungen versteckten Wahrheiten feste Konturen an. Nun konnte man mit aller Genauigkeit errechnen und feststellen, wer z.B. die Frösche, wer die Könige in Person waren. „Beginnend bei der Off. 16 kann man heute die Ereignisse dieses Jahrhunderts aus der Apokalypse ablesen wie aus einem Lehrbuch für Zeitgeschichte" (Hans Baum in „Das Ultimatum Gottes").

Verblüffend sogar: Der Zeitpunkt der Entschlüsselung ist in der Geheimen Offenbarung angeführt. Ja, er ist sehr wichtig, weil er ein ausschlaggebender Bezugspunkt zu den Aussagen der Apokalypse und daher für das Verstehen derselben unentbehrlich ist.

Wer immer in dieser Zeit lebt, sei er gelehrt oder ungelehrt, sollte den entschlüsselten Text der Apokalypse kennen, denn er geht ihn und sein weiteres Schicksal an.

Die Apokalypse ist ein faszinierendes Phänomen unserer Tage. Der Mann, der sie entschlüsselte, vollbrachte eine der größten geistigen Leistungen aller Zeiten und verdient einen Ehrenplatz in der Galerie großer Geistes-Pioniere.

Unverständlich und bedauerlich, daß die meisten Theologen, Bischöfe und Priester von dieser Pioniertat kaum Notiz genommen haben.

Sie hätte sie doch an erster Stelle angehen müssen.

Es mag sein, daß es für manche unter ihnen Entschuldigungsgründe dafür gegeben hat, daß sie sich nicht mit dieser Frage beschäftigt haben. Aber auf keinen Fall kann es sein, daß die Priesterschaft und das Kollegium der Bischöfe insgesamt den Eintritt der Apokalypse hat verschlafen dürfen.

Sie hätten sich informieren können und müssen. Vielen Bischöfen ist sogar unaufgefordert entsprechendes Informationsmaterial zugesandt worden.

Doch nur wenige unter ihnen haben sich mit Prophetologie und Dämonologie als den Grundlagen für das Verstehen unserer besonderen Zeitverhältnisse befaßt.

Das hätten sie tun müssen, und dieses wäre ihrer so bedeutungsvollen Rolle als Lehrer und Hirten einer in höchsten Nöten befindlichen Menschheit gerecht, steht dieses doch im Zusammenhang mit dem Wohl und Wehe, dem Leben und Überleben von fünf Milliarden Menschen.

Es müßte doch wirklich genügen, daß die „Amtskirche" den apokalyptischen „Zweiten Weltkrieg" zum großen Teil auf ihr „Konto" geladen hat, weil sie über ‚Fatima', den Weg der Rettung, so gut wie hinweggegangen ist.

Nun ist sie abermals, bzw. immer noch, was ihre Mission für den Weltfrieden anbelangt, im Hintertreffen.

Sie wird diese Mission erst erfüllen können, wenn sie ihr

Verhältnis zu dem in den Marienbotschaften geoffenbarten apokalyptischen Siegel ändert und korrigiert.

Die gesamte nachkonziliare Entwicklung in Kirche und Welt wäre völlig anders und um vieles glücklicher verlaufen, hätte sich die Kirche um dieses Siegel gekümmert.

Die freimaurerische Gegenkirche kennt und benützt dieses Siegel längst und ist aus dieser Kenntnis heraus in der Lage, der Kirche einen Schlag um den anderen zu versetzen.

Die Beachtung und Auswertung des apokalyptischen Siegels durch die Kirche ist der primäre Akt für die Ausschaltung dämonischer Erfolge gegen die Kirche und die gesamte Spezies Mensch und somit für eine Entspannung der Weltlage und für die sonst nicht mögliche Abrüstung und den Weltfrieden.

Die sachlich richtige Entschlüsselung der Apokalypse ist im Laufe der Jahre Zug um Zug mit verblüffender Exaktheit durch Fakten belegt. Kein wissenschaftlich ernstzunehmender Mensch kann das noch leugnen.

Die Kirche schuldet es sich und der Welt, daß sie dem Wahrheitsgehalt der Geheimen Offenbarung des Johannes die ihm zukommende Bedeutung beimißt und daraus vor aller Welt die vollen Konsequenzen zieht.

Man muß sich natürlich fragen, wie es überhaupt möglich ist, daß die Kirche Gottes sich in einer solch bedeutenden Frage so widerspenstig, nachlässig und ablehnend verhalten konnte.

Man muß darauf antworten: Keineswegs hat die apokalyptische Entwicklung vor der Kirche haltgemacht. Und dieses ist ein Zeichen dafür: Es konnten sich in der Kirche jene Kräfte durchsetzen, die in der Geheimen Offenbarung des Johannes nicht die helfende, rettende Hand Gottes erkennen wollten und die es nicht für wert befanden, auf die doch so unheimlich bedeutungsvollen Offenbarungen Mariens in La Salette, Lourdes, Fatima u.a. einzugehen.

Sie hätten doch sehen können und sehen es, was dabei herauskommt, wenn man die Mahnungen und Warnungen der Gottesmutter, die sie doch im Namen des allmächtigen Gottes und aus Liebe zu den Menschen zum Ausdruck bringt, einfach mißachtet.

Es kann ihnen doch wirklich nicht entgehen, was uns noch heute oder morgen bevorstehen könnte.

Aber der Geist, der sie treibt, ist der Geist des „Njet!", des „Non serviam!"

Vernunft kann man von ihnen nicht erwarten. Sie sind blind und wollen nicht sehen. Sonst sähen sie in den vielen eindeutigen Zeichen, daß unsere gegenwärtige Zeitperiode jene Zeit ist, von der die besondere Loslassung der Dämonen verhergesagt worden ist, der ein Übermaß an Dämonie ihr Gepräge gibt.

„Die Menschheit hat sich bereits so an das Satanische dieser Epoche gewöhnt, daß sie gar nicht merkt, daß jene mit keiner der vorausgegangenen geschichtlichen Epochen vergleichbar ist.

Kriminalität, Pansexualität, innere und äußere Verschmutzung unseres Seins, Verfall von Staat und Kirche, Familie und Schule, zunehmende Verdummung der Jugend, Demagogie und Rauschgiftsucht, dämonische Massenstimulationen durch Halbbesessene bei sogenannten Jugendfestivals, dämonische Formen des Tanzes, des Musizierens, des Jaulens in den täglichen Rundfunksendungen, der völlige Kunstverfall und eine Art von ‚Aufstand der Psychopathen', die nahezu völlige Selbstpreisgabe der Autoritäten, kurz, der Totalausverkauf der Kultur und der Zivilisation sind die seit langem erwarteten Folgen der totalen Dämonisierung der Epoche der Letztzeit.

Diese Dämonisierung wird verschwinden, sobald Staat und Kirche wieder zu sich selbst gekommen sind. Zur Zeit bilden sie gerade das Hauptangriffsziel des Dämonismus — ein Phänomen, auf das sie nach dem durch Humanismus, ‚Aufklärung' und modernen Atheismus erlisteten ‚Abschied vom Teufel' nicht mehr vorbereitet waren. Aber den Feind erkennen, heißt schon, ihn in die Defensive drängen.“ (Hans Baum, „Das Ultimatum Gottes“)

Von Hans Baum, dem Entschlüsseler der Apokalypse, stammt auch die bedeutungsvolle Aussage: „Die entschlüsselte Apokalypse läßt jedenfalls nicht den geringsten Zweifel darüber, daß wir uns kurz vor dem Abschluß nicht nur einer Epoche, sondern der gesamten Geschichte und Heilsgeschichte befinden.“

Obwohl jeder aufmerksame Zeitgenosse sehr wohl die Einmaligkeit und Außerordentlichkeit dieser unserer Zeitverhältnisse erkennen kann, leben die meisten Menschen doch so, als ob sich auf der Welt nichts Umwälzendes ereignet hätte, dessen sie sich besonders bewußt zu sein haben.

Die Tatsache der totalen dämonischen Umsessenheit der Menschheit und die in allen Teilen der Welt gleichzeitig verbreiteten Verfalls- und Entsittlichungserscheinungen deutet man als die Äußerungen einer gewissen Modernität.

Und man glaubt, um nicht als rückständig zu erscheinen, solcher Art von Trend sich nicht entgegenstellen zu dürfen.

Die überwiegende Mehrheit der Menschen ist in ihrem Urteil über unsere Zeit absolut unmündig. Sie merkt nicht, was in Wirklichkeit mit ihr getrieben wird. Und deshalb macht sie mit und toleriert alles, was angeblich nur den Stempel der Zeit trägt.

Wie kann der durchschnittliche Zeitgenosse denn auch merken, was wirklich los ist, wenn selbst in die Kirche „der Rauch Satans eingedrungen ist“ (Paul VI.)?

Manche Veränderungen und Vorkommnisse in der Kirche während der letzten Jahrzehnte sind keineswegs die Frucht des II. Vatikanums. Die progressistischen Ideen vieler Priester und Theologen haben das ganze Kirchenvolk durcheinandergebracht und verunsichert. Das wäre nicht der Fall gewesen, wenn sich unsere Priester mehr mit der Offenbarungsliteratur beschäftigt hätten und somit darüber informiert worden wären, wie sie die Zeichen der Zeit zu deuten gehabt hätten. Sie haben die Gefahr überhaupt nicht erkannt, in der sie sich befanden. Von der Apokalypse haben sie nichts gemerkt, und den verzweifelten Bemühungen der Gottesmutter, ihren so geliebten Menschenkindern dieser Erde großes Unheil zu ersparen, haben sie entgegengearbeitet.

Es ist nicht zu beschreiben, wie vieles in der Kirche, schuldhaft oder nicht, falsch gelaufen ist.

Und gerade das ist von allergrößter Tragik.

Allgemein kann man dieses sagen: Ein Dritter Weltkrieg kommt nur über die Menschheit, wenn sie die Zeichen der Zeit in irrsinniger Leichtsinnigkeit recht zu deuten verweigert und es an der demütigen Weisheit, bzw. an der weisheitsvollen Demut fehlen läßt, auf die apokalyptischen Mahnungen zu hören und zu den Mitteln zu greifen, durch die der Menschheit die Bewahrung vor ihrer Selbstvernichtung zugesichert ist.

Es sind doch nicht die Waffen, die uns bedrohen, ja es sind nicht einmal die Menschen, die uns mit der Vernichtung bedrohen, denn Menschen allein sind dazu nicht fähig, sondern nur dämonisch gesteuerte Menschen, d.h. die in ihnen wohnenden Dämonen.

Nur aus diesem Zusammenhang läßt sich die augenblickliche Lage der Weltbevölkerung und die Mobilität der Menschen im Dienste der Auslöschung des Menschengeschlechtes verstehen.

Und darum reichen auch noch so ausgeklügelte politische Mittel selbst der fähigsten Politiker niemals aus, um aus der fatalen Menschheitslage wieder herauszukommen.

Denn sie lassen ja den wahren Verursacher der Lage unangetastet. Sie kennen nämlich die wahre Sachlage nicht, weil sie von solchen Dingen nichts verstehen.

Politiker allein werden auch weiterhin ihr gegenüber absolut ohnmächtig bleiben.

Allein der Glaube hilft hier weiter.

Und die Initiative der Glaubenden.

Und ein vom Glauben inspiriertes, auf den apokalyptischen Offenbarungen fußendes, konkretes und rationelles, für alle Christen verbindliches Initiativ-Programm.

Die kraftvoll organisierte Durchführung dieses Initiativ-Programms in allen christlichen Gemeinden würde in kürzester Frist das Wunder einer völlig beruhigten, entspannten, friedlichen Weltlage vollbringen.

Nur wer etwas Besseres vorzuweisen hat, wird sich von diesem Programm dispensiert fühlen dürfen.

Alle anderen aber sollten sich mit großer Kraft und Einigkeit auf das einzige Programm stürzen, welches in der Lage ist, die apokalyptischen Schrecken eines Dritten Weltkrieges in ein Nichts aufzulösen und ihre dämonischen Urheber in ihre Abgründe zurück- und hinabzustürzen.

Es gibt ja auch keine Verheißung für den Sieg Luzifers, sondern für den Sieg Mariens:

„Am Ende wird mein Unbeflecktes Herz triumphieren!"

Bedenken wir sehr wohl: Die Offenbarung nach Johannes ist heute, das heißt seit einigen Jahren, für uns kein Buch mit sieben Siegeln mehr. Sie ist in mehrfacher Weise entsiegelt.

Verglichen mit den Vernichtungswaffen unserer technisch so hochentwickelten Zeit erkennen wir deutlich, was Johannes damals gesehen hat, ohne daß er das Gesehene mit den technischen Termina unserer Rüstungsindustrie auszudrücken vermochte.

Er sah das nukleare Feuer, die großen Massen der Panzer, die Feuersäule nuklearer Detonationen auf dem Meere, den erdteilüberspannenden Stratosphärenlichtbogen der „Regenbogenbombe" und all das verheerende Elend der Menschen, ausgelöst durch dämonisch gesteuerte Kriegstreiber und Zerstörungsstrategen.

Seien wir uns jedoch bewußt: Die schrecklichen, dennoch realistischen Bilder der Apokalypse besitzen noch immer nur den Status einer eindringlichen, erschütternden Warnung. Sie sind auch Ausdruck der unaussprechlichen Liebe Gottes zu den Menschen. Sie sollen bewirken, daß die Menschen in sich gehen und in der Gottzuwendung mit Kraft und Klugheit ihr angedrohtes Schicksal, welches die Gottlosigkeit ihnen einbringen würde, von sich abwenden. Die Apokalypse ist eine regelrechte Beschwörung der Menschen, einsichtig zu sein und den umgekehrten Weg zu gehen, nicht hin zur, sondern weg von der Katastrophe. Noch ist das ja möglich.

Keine echte Prophetie ist als etwas Endgültiges anzusehen. Das ist unsere Chance. Aber das heißt nicht, daß sie fristlos hinausgeschoben wird.

Einmal wird bei aller Langmut Gottes die Frist abgelaufen sein. Dann, wenn die Menschen sich einfach nicht bessern wollen. Es ist doch klar, daß die Zeichen unserer Zeit eindeutig den Ernst der Lage erkennen lassen. Es läßt sich einsehen, zu welcher Reaktion Gott die Menschen veranlassen will: auf den Weg der Vernunft, und das heißt der Gebote Gottes zurückzukehren.

Gott kann nicht nur barmherzig sein. Er wäre kein Gott, wenn er nicht auch der gerechte Richter — über Lebende und Tote — wäre.

Aber die Menschen brauchen sein Gericht nicht zu fürchten, wenn sie sich dem barmherzigen Gott in die Arme werfen. Dieses tun sie, wenn sie z.B. das ihnen in Fatima gemachte Hilfsangebot respektieren und das geforderte Aktionsprogramm in aller Demut verwirklichen. Dann „wird Rußland sich bekehren", und die seit über siebzig Jahren unterdrückten, unter der Knute des Bolschewismus lebenden Russen werden freie Menschen sein, werden in ihre wieder geöffneten Kirchen strömen und ihrem Gott danken aus der nie (ganz) verschütteten tiefen Gläubigkeit ihrer slawischen Seele heraus.

Dann werden auch rasch die anderen Krisenherde auf der Welt verlöschen, und der Hunger und die Armut in den unterentwickelten Ländern werden überwunden werden.

Die Abrüstung wird zur vollen Realität gelangen.

Es wird eine grundlegend veränderte, friedliche Welt sein.

Dieser Wandel wird sich allerdings zuallererst im Inneren der Menschen vollziehen müssen. Hier entscheidet sich, ob wir das Chaos oder den Weltfrieden erleben werden.

Alles hängt von dem einen Bekenntnis ab: Ehre sei Gott in der Höhe, und Frieden wird sein allen Menschen guten Willens! Ein Dritter Weltkrieg? Den können wir uns ersparen!

MITVERANTWORTUNG

Dritter Weltkrieg oder Friede — Das bist Du!

Eine friedliche Zukunft oder ein Ende der Geschichte?

Das ist die Frage, vor der wir alle stehen, wir, die über fünf Milliarden Zeitgenossen des ausgehenden XX. Jahrhunderts, ganz gleich welcher Nation, welcher Konfession, welcher Rasse oder Hautfarbe wir zugehören.

Lösung der die Menschheit so hart bedrängenden Weltprobleme oder eine unausdenkbar schreckliche Zukunft, das ist die Alternative vor der heute alle Menschen der Welt stehen.

Da ist niemand ausgeschlossen. Und kein Krösus kann sich von dieser Alternative freikaufen. Denn heute sitzen sie alle, die Reichen und die Armen, die Klugen und die Dummen, „in dem gleichen Boot", wie man gern zu sagen pflegt.

Was könnte auch schon ein Reicher mit all seinem Geld und ein Gelehrter mit all seiner Wissenschaft ersinnen, um dem Unheil zu entgehen?

Brauchbare Vorstellungen von einem Ausweg aus dieser Kalamität und große Hoffnungen, wer hat sie?

Die meisten lassen, völlig inaktiv, die Zukunft, so oder so, über sich hereinbrechen. Sie „ziehen sich in ihr Schneckenhäuschen zurück" und nehmen mit keinerlei Bewußtheit persönlich am Lauf der Geschichte teil.

Sie verdrängen die Aktivität ihres Unterbewußtseins, welches sie zur Mitverantwortung aufruft. Doch von ihrem Anteil an der Verantwortung für ihre Um- und Mitwelt können sie niemals entlassen werden.

Ist nicht jeder Mensch dabei, die Zukunft für alle Menschen mitzugestalten? Verlangt nicht die Würde des Menschen, mit Bewußtheit an der allgemeinen Entwicklung teilzunehmen und sie mitzuverantworten?

„Diese Zeit“, die wir so oft und so oberflächlich anklagen, sind wir sie denn nicht (auch) selbst in der Qualität unseres Denkens, Redens, Handelns? Die ersehnte bessere Zeit, kann sie anderswo beginnen als beim einzelnen, also bei dir und bei mir?

Denn das Volk ist ein „Null-Komma-Nichts“, wenn nicht die einzelnen, die bürgerlichen Individuen, ihre Meinung vertreten, ihre Entscheidungen treffen, ihre Verantwortung wahrnehmen.

Hoffnungen und Erwartungen auf eine glücklichere Zukunft, die gründen auf der geistigen Einstellung und Gesinnung von Einzelpersönlichkeiten. Der Friede, das bist du, das bin ich!

Und so muß man auch folgern: Der Unfriede, der Krieg, das Chaos, das bist du, das bin ich, je nach deinem, nach meinem Verhalten!

Jeder Mensch sollte sich über seinen Wert für die Wohlfahrt aller anderen Mitbürger dieser Welt im klaren sein. Sein Geist und seine Prinzipien schlagen mehr Wellen, als er denkt.

Er ist berufen, Weltgeschichte mitzutragen, mitzuverantworten!

Müßte es nicht besonders jeder Christ sein, dem doch so unendlich mächtige Mittel in die Hand gegeben sind, der doch als Christusträger aus der Perspektive des liebenden Christusherzens diese Welt und alle Menschen als geliebte Brüder und Schwestern erlebt? Wie könnte er weniger als die ganze Menschheit in seinen Verantwortungsbereich nehmen, ohne an Christus schuldig zu werden?

Auch aus einem egoistischen Motiv sollte sein Herz nicht weniger als die gesamte Menschheit umschließen: Wenn es nämlich nicht gelingt, das eine Boot zu retten, in welchem sich heute alle Menschen befinden, so gehen alle Insassen gemeinsam „mit Mann und Maus“ unter.

An sich alleine zu denken, das hat heute keinen Sinn mehr. Man muß, um sich selbst zu retten, an alle denken.

Unsere Zeit ist davon gekennzeichnet, daß das erwähnte Boot drum und dran ist, von überdimensionalen Wellen völlig überspült und in den Strudel des Abgrundes versenkt zu werden.

Es ist Apokalypse!

Es bedroht die Menschheit ein sie total vernichtender Krieg mit nuklearen, chemischen und bakteriellen Waffen.

Dieser Ernstfall kann heute, kann morgen eintreten.

Doch auch wenn er nicht unmittelbar eintritt und noch auf sich warten läßt, so sind es andere Katastrophen, die einem solchen Krieg vorausgehen könnten, z.B.: Zivilisationswahnsinn durch Überdruß am Wohlstand und fehlenden Lebenswiderstand;
Zivilisationsselbstmord durch zivilisatorische Versteppung und Verunreinigung der Natur, die im Laufe der Zeit irreparabel werden;

biologische Degeneration durch eine allzu künstliche Umwelt; ungehemmtes Fortbestehen eines perfekten Industrialisierungsprozesses;

Degeneration des Organismus;

toxische Verseuchung der Umwelt, Vergiftung der Nahrungsmittel;

Zerstörung des gesamten Ökosystems etwa durch Gewässer- und Luftverschmutzung, Abfallsprodukte technologischer Prozesse, Radioaktivität, Umwandlung der Flora und Fauna durch technische Eingriffe und damit Veränderung der klimatischen Bedingungen.

Die Weltbevölkerung nimmt schneller zu als ihre Versorgungskapazität.

Die Rohstoffe von Jahrmillionen gehen dem baldigen Ende entgegen. Das bedeutet: für Milliarden von Menschen wird es bald keine Arbeit mehr geben, keinen Verdienst zum Unterhalt des Lebens.

Sie werden nicht ein Leben in Armut führen müssen, sie werden umkommen. So lauten düstere, aber ernstzunehmende Prognosen von Umweltforschern und Ernährungswissenschaftlern. Die Sorgen um die weitere Zukunft der Menschen sind unbeschreiblich ernst.

Der Zweite, schon apokalyptische, Weltkrieg liegt gut vierzig Jahre hinter uns. Doch ein Dritter, noch viel grausamerer, unvorstellbar grauenhafter Weltkrieg scheint in greifbare Nähe gerückt.

Wer kann von sich sagen: An ihm habe ich keinen Anteil, denn ich gab einzig und allein Zeugnis für den Frieden?

Ist das der Untergang?

FORTGESCHRITTENE ENTCHRISTLICHUNG!

Alle negativen Prognosen, alle Prophetien und Vorhersagen würden null und nichtig werden, „wenn sich die Welt von Menschen regieren ließe, die sich von Gott führen lassen“. So hat es Frank Buchmann auf seinem Sterbebett in Freudenstadt im Schwarzwald mühsam und in langen Pausen formuliert.

Gewiß gibt es auch heute noch politische Führer, die in diesem Sinne regieren möchten. Die z.B. von Helmut Kohl proklamierte, so gut gemeinte moralische und geistige Wende ist ein Zeichen dafür. Wie christlich hat es das Staatsoberhaupt der Philippinischen Republik, Frau Corazon C. Aquino, gemeint, als sie fanatischen parteipolitischen Feinden und Attentätern vergab, ihnen größte Freiheit zubilligte und mehr Barmherzigkeit als Recht gelten ließ!

Aber beide, Helmut Kohl und Frau Aquino, haben es schwer, ihre Idealvorstellungen zu verwirklichen. Sie müssen mit Kompromissen leben und regieren. Diese werden ihnen nicht nur aufgezwungen von konkreten, sichtbaren Personen und Widersachern ,sondern auch, und vielleicht gerade, von den immer und überall im politischen Geschäft mitagierenden unsichtbaren diabolischen Mächten.

Stärker als diese können Politiker aber nur sein, wenn hinter ihnen eine starke Front von Bischöfen, Priestern und Gläubigen aufgebaut ist, die zu den stärksten Waffen der Weltgeschichte greifen: dem Gebet, der Sühne, dem Rosenkranz, dem „Sturmgebet".

„Wenn die freien Völker — allen Nuklearwaffen in der Faust des Feindes zum Trotz — statt ihrer Macht Gott anbeten wollten und bedingungslos seinen Geboten zu folgen bereit wären, würde das Ende in weite Ferne gerückt werden. Keine Stunde ist zu spät, Gott anzurufen und das Unheil abzuwenden. Sonst vollzieht sich das Gericht durch die zornverblendeten Völker, die der Erde das Verderben bereiten." (Philberth, „Christliche Prophetie und Nuklear-Energie")

Leider muß man aber einsehen, daß die „freien Völker" schon sehr entchristlicht sind. Sind sie es schon zu sehr, als daß sie noch in der Lage wären, sich zu großen Gebets- und Sühneaktionen aufzuraffen? Es sieht ganz danach aus, daß man darauf nicht mehr setzen kann. Das ist traurig, aber wahr! Statt dessen setzt man auf den so leutselig und jovial auftretenden, verblüffende Friedens- und Abrüstungsvorschläge unterbreitenden Wolf im Lammsfell, Gorbatschow, der nach wie vor ein Erzkommunist ist.

„An der nuklearen Bedrohung der Bundesrepublik Deutschland ändert sich selbst bei der ‚Liquidierung' aller sowjetischen SS-20 in Europa nur wenig. Die Zahl der sowjetischen Raketen kürzerer Reichweite reicht mehr als aus, um alle wichtigen Ziele bei uns gleich mehrfach nuklear abzudecken.

Mit der beginnenden Denuklearisierung Europas, einem seit Jahrzehnten angestrebten Ziel der Sowjetunion, gewinnt die seit langem bestehende und im letzten anderthalb Jahrzehnt ständig gewachsene konventionelle Überlegenheit des Warschauer Paktes eine neue Qualität. Der Vorsitzende des Militärausschusses der Nato, der deutsche General Wolfgang Altenburg, spricht von der zunehmenden Gefahr der Verlagerung der Kriegswahrscheinlichkeit auf Europa." (General a.D. Franz-Josef Schulze in „Rheinischer Merkur / Christ in der Welt", Nr. 12, 20. März 1987)

Man muß auch weiterhin vor den Sowjets „auf der Hut sein" und aufpassen, sich nicht von ihnen „einfangen" zu lassen. Schon Breschnew rechnete damit, daß „allein schon der sittliche Verfall im Westen mit absoluter Sicherheit den schließlichen Triumph des internationalen Sozialismus und Kommunismus mit sich bringen wird".

Glaubt man denn, daß Gorbatschow auf eine andere Karte setzt? Kann dieser denn ein echter „Friedensfürst" sein?

„Die ungläubige Gegenwelt zum Christentum ist im Wachsen begriffen. Der Unglaube zeigt heute kein feindseliges oder agressives Gesicht. Der militante Atheismus ist verstummt.

1958 proklamierte Gerhard Szcesmy noch mit seinem Buchtitel die „Zukunft des Unglaubens". Heute sprechen wir vom „Verdunsten des Christentums". Der Exodus vollzieht sich nicht spektakulär, sondern unheimlich und auf eine fast subkutane Weise.

Der Bruch zwischen Evangelium und Kultur könnte zur eigentlichen Tragödie des Christentums in unserem Land werden. Pluralismus und Entchristlichung scheinen Hand in Hand zu gehen, als ob sie einander bedingten.

Niemand wünscht sich heute die radikale Entchristlichung, kaum einer scheint darauf hinzuarbeiten. In der Bundesrepublik Deutschland sind die christlichen Kirchen heute auch noch weit davon entfernt, dem desolaten Bild zu entsprechen, das oft in apokalyptischen Farben gemalt wird.

Beunruhigend ist, wie wenig die Weitergabe des Glaubens an die nächste Generation gelingt und wie die aus dem Evangelium abgeleiteten Lebens- und Wertauffassungen sich privatisieren.

Die Glaubensschwächung geht parallel sich mit dem kulturellen welthaften Erschlaffen. Das sind nicht nur Randphänomene. Die angepaßte und glatte Leidenschaftslosigkeit reicht bis in die Mitte der zahlreichen kirchlichen Funktionäre und Mitarbeiter hinein, wo die Geschäftigkeit an der Überproduktion von Papieren abzulesen ist. Die Zahl christlicher Politiker, die in Parteien und Parlamenten das bekennende Wort in die Tat umzusetzen suchen, schrumpft in beängstigender Weise. Das Verhältnis der Kirchen zu den C-Parteien war nie schlechter als heute." (Hermann Boventer in „Rheinischer Merkur / Christ und Welt", Nr. 46, 7. November 1986)

Unsere Zeitverhältnisse erinnern an den Sturm auf dem See Genesareth, wo die Jünger in Furcht und Aufregung gerieten. Sie hatten den Untergang vor Augen. „Jesus aber schlief!" Er hatte unzweifelhaft den Sturm und die Panik vorausgesehen. Nun wartete er auf ihren Hilferuf. Als die Jünger ihn in ihrer Angst weckten, sagt er in größter Souveränität: „Warum nur seid ihr so furchtsam?" („Habt ihr denn nicht mehr Vertrauen, da ich mitten unter euch bin?")

Dann gebot er dem Wind und den Wellen. Welch ein Beispiel seiner Größe und Liebe!

Im Vergleich zu dem Sturm auf dem See Genesareth befindet sich die heutige Menschheit in einem viel dramatischeren und gefährlicheren Sturm. Sie muß einen totalen Untergang befürchten. Die Lage ist verzweifelt. Wieder wartet Gott auf den Hilferuf der Menschen. „Aber wo sind denn die ‚Sturmgebete' der Christen? Besitzen sie kein Vertrauen auf meine Hilfe? Bin ich, ihr Gott, denn nicht einmal in ihrer Not und Gefahr ‚gefragt'? Bin ich in ihrem Egoismus und Materialismus von ihnen abgesetzt worden? Gelte ich nicht mehr als ihr Retter und Erlöser? Die leeren Kirchen zeigen mir eine gottferne Generation an.

Ihr, die ihr meinen Namen tragt, seid größtenteils bereits untergegangen, untergegangen nämlich in der Welt der Sünde, des Nicht-mehr-Betens, des Nicht-mehr-treu-Seins und der Ehrfurchtlosigkeit vor Gott und allem, was heilig ist.

Ihr tragt die größte Verantwortung für den religiösen und sittlichen Niedergang.

Die Entchristlichung ist das Vorzeichen des Unterganges."

Verbürgt sie, daß Gott dem Sturm nicht gebieten wird und will?

Was tun?

Die gegenwärtige Situation auf der Welt drängt uns die Frage auf: Was können wir, was kann jeder einzelne tun, daß uns nicht schon bald die Fetzen einer Atomkatastrophe um die Ohren fliegen?

Es gibt keine bessere Antwort als: B e t e n !

Beten, das kann jeder. Und Gebet ist die Möglichkeit, durch die ein jeder Erdenbürger den Lauf der Weltgeschichte beeinflussen kann.

Doch um die katastrophal verfahrene Weltlage wieder in Ordnung zu bringen, reichen sicherlich sporadische Gebete weniger einzelner nicht aus. Es müssen viele Menschen beten — gut beten.

Damit dies geschieht, müssen Initiatoren da sein, die dazu, und immer wieder, den notwendigen Anstoß geben.

Als Initiatoren angesprochen sind selbstverständlich in erster Linie die regulären religiösen Führer und Erzieher in unseren christlichen Gemeinden.

Wenn hier in diesem Sinne nichts oder zu wenig „läuft",

so ist das eine geradezu tragische und unverantwortliche Sache. Denn hier können rasch große Volksmassen angesprochen und aktiviert werden.

Eine Besserung der Weltverhältnisse verlangt gebieterisch die Organisation ausgesprochener Gebetsstürme und ihre stetige Wiederbelebung.

Durch das Gebet wird eine kaum hoch genug einschätzbare konstruktive Kraft freigesetzt.

Als Ausdruck der Liebe, der Ehrfurcht und des Vertrauens ist es die positivste, allerstärkste Macht auf dieser Welt, stark genug für die Harmonie und den Frieden unter allen Völkern und blühendes Leben und Wirken der Kirche.

Allein dieses dem (christlichen) Volk verstärkt ins Bewußtsein zu führen, ist ein fundamentaler Dienst am Frieden.

Der tatsächlichen Kraft und Bedeutung des Betens wird man in viel zu geringem Maße gerecht, weil der allgemeine Informationsstand über Wesen und Wirkung des Gebetes nur sehr unzureichend ist.

Darum ist es sehr wichtig, daß über das Gebet mehr informiert wird und für dasselbe mehr Sympathien geweckt werden.

Der Mensch sollte wissen: Mit dem Gebet begibt er sich auf die höchste Ebene seiner Würde und ist ihm Macht geschenkt, die seiner Würde entspricht.

Mehr denn je sollte man bedenken, welch ernstzunehmendes, bedeutendes Phänomen das Gebet doch darstellt.

Es stellt nämlich für den Menschen ein Mittel dar, tätigen, positiven Anteil an dem Verlauf der Weltgeschichte zu nehmen.

Natürlich muß zu diesem Wissen über das Gebet eine entsprechende Gesinnung treten, die Gesinnung des „Herr, Dein Wille geschehe!“

Wer gut betet, der beharrt nicht einseitig und eigensinnig nur auf eigenen Wünschen und Bitten, weil er doch zu bedenken hat, daß nicht er der Mittelpunkt der Welt ist, daß über ihm ein weiser, ordnender Geist existiert, der alle Dinge im Blick auf das Ganze übersieht, voraussieht und lenkt, der vollkommen ist und vollkommene Dinge tut, und der zu unserem eigenen Wohle und im Interesse des Ganzen nicht jede unserer Bitten buchstäblich erfüllen kann.

Der uns aber dennoch nicht überhört, wenn wir beten, und der uns immer, wenn auch auf seine Weise, in seiner Weisheit, erhört. Zu ihm darf man immer Vertrauen haben. Denn niemals schenkt er uns einen Stein, wenn wir um einen Fisch bitten.

Und wenn wir echt und ausdauernd um den Frieden bitten, so kann uns Gott natürlich nicht erlassen, diesen Frieden auch zu leben. Ein reines Lippengebet hat keinen Wert. Hinter den Worten unseres Gebetes muß in der vollen Tiefe ihres Wesens die Person stehen. Unser Leben muß mit ihnen übereinstimmen. Gebet ist niemals nur für die stille Kammer da. Es fordert Konsequenz.

Jeder Beter um den Frieden muß in der Welt und durch seine Lebensführung ein ihm angemessenes, ihm mögliches soziales Vakuum ausfüllen.

Der persönliche Einsatz für den Nächsten, für alle Nächsten, so weit sich das im Alltag und darüber hinaus anbietet, das ist ein Beleg für richtiges Beten. Man kann nicht durch sein Gebet Gottes Wohlgefallen erringen, wenn man in der Lebens- und Glaubenspraxis vergißt: „Was ihr dem geringsten meiner Brüder getan, das habt ihr mir getan!“ Es ist notwendig, daß wir in all unseren Handlungen das Gebet fortsetzen, weil wir auch in ihnen Gott anbeten, loben und verherrlichen können. Das ehrlichste Wort nämlich, welches wir sprechen, ist unser gelebtes Leben.

Gute Beter sind friedlich und dienen in vortrefflichster Weise dem Weltfrieden. Sie steuern an jedem Ort und zu jeder Zeit das Ihrige dazu bei. Ihre persönlichen Qualitäten sind nicht zuletzt die Frucht ihres Betens.

Mit dem echten Gebet wächst die Seele und weitet sich der ‚Horizont‘, wird man offener und bereitwilliger für seinen Beitrag an der Entwicklung, weil es den ungesunden Egoismus, den Störenfried jeglicher Gemeinschaft, verdrängt.

Weil durch das gute Gebet Christus in uns wächst, wächst in uns die Macht, die Welt zum Guten hin zu verändern.

Und um dieses Wirkens und dieses Einflusses Christi willen ist Beten eine Macht, hat Beten seinen Sinn, geht im Gebet so Machtvolles vor sich.

Weil uns im Gebet die Macht Christi zur Verfügung steht, darum dürfen wir zuversichtlich um so große Dinge beten wie den Frieden, die Abrüstung, die Völkerverständigung, die Einheit im Glauben, den Umweltschutz.

Nichts von alledem, was nicht Christi Sache wäre.

Aber dieses alles stimmt nur in dem Maße unseres wirklichen Glaubens und unseres tiefen Vertrauens. Darin müssen wir uns zum Äußersten aufschwingen, wenn erlangt werden soll, um was wir beten.

Das erwartet Gott von uns, und das verdient Gott.

In diese Richtung muß unser Umdenken gehen. Dann ist kein Weltproblem zu groß, als daß es nicht überwunden werden könnte.

Dann haben wir es nicht nötig, kleinmütig und ängstlich in die Zukunft zu schauen. Dann werden alle die gewaltigen Krisen beigelegt, und dann wird das riesige russische Imperium all seiner Macht und Gefahr für die Welt beraubt werden.

Weil Gott das Rückgrat der unübertrefflichen Macht des Gebetes ist, darum brauchen wir unserem Vertrauen in die Zukunft keine Grenzen zu setzen, vorausgesetzt unser Vertrauen auf Gott.

Es ist gut, einen Blick in die Geschichte zu werfen, um in unserem Vertrauen darauf bestärkt zu werden:

Als im 16. Jahrhundert der Mohammedanismus die christlich-abendländische Kultur zu vernichten drohte und als letztes christliches Bollwerk die Mittelmeerinsel Cypern bereits gefallen war, da rief Papst Pius V. nicht nur zu den Waffen gegen einen haushoch überlegenen Feind, nein er rief die ganze christliche Menschheit auf, zum Rosenkranz zu greifen und die Königin des Himmels um ihre mächtige Hilfe anzurufen. Der christliche Erdkreis antwortete diesem päpstlichen Aufruf mit einem gewaltigen Gebetssturm.

Als deutliches Zeichen ihrer Erhörung bewirkte die Mutter Gottes den geschichtlich so bedeutungsvollen Sieg der Christen über die Türken bei Lepanto, und zwar ausgerechnet am Feste des heiligen Rosenkranzes im Jahre 1571.

Es ist für das Abendland nicht auszudenken, was passiert wäre, wenn die Türken diese Schlacht gewonnen hätten.

Niemals sollten wir auch aus der jüngeren Geschichte das Beispiel Österreich vergessen:

Nach normalem Verlauf der Dinge hätte es heute in Österreich genauso aussehen müssen, wie es in den Ostblockländern der Fall ist. Daß Österreich aber am 15. Mai 1955 wider alles rein menschliche Erwarten und nach mehr als 300 ergebnislosen Verhandlungen mit den Russen dennoch ein freies, unabhängiges Volk geworden ist, das verdankt es, wie der österreichische Außenminister Figl und Bundeskanzler Raab bei der großen Dankfeier am 10. September 1955 dankbar öffentlich bekennen, dem Rosenkranz. Mit bekennerischem Mut erklärte damals Bundeskanzler Raab:

„Mag mancher erstaunt gewesen sein über die Inbrunst des Gebetes, über die Tatsache, daß in Österreich so zahlreiche Menschen niemals an der Macht des Gebetes zweifelten und niemals daran zweifelten, daß ihre Gebete Erhörung finden würden.“

Der Chefredakteur des „Rheinischen Merkur“ schrieb damals die bedenkenswerten Sätze: „Aus allen Schichten kamen sie, die Beter, jung und alt, Bankdirektoren und Putzfrauen, Minister und Arbeiter, Geistliche und Laien. Sie schlossen sich zu einem Kreuzzug des Gebetes für die Befreiung des Vaterlandes zusammen. Sie haben sich, von vielen belächelt, daran gemacht, mit dem Rosenkranz in der Hand die Rote Armee zu vertreiben. Wenn die Staatsmänner und Historiker keine Erklärung wissen, was verbietet uns, die Macht des Gebetes als Erklärung anzunehmen? Vielleicht lohnt es sich, das Experiment auch anderswo, auch in anderen Gegenden der Welt, in anderen nationalen Nöten zu wiederholen.“

Wer nicht an die Macht des Gebetes glaubt, der muß einfach in Punkto Wesen, Wirkung, Bedeutung und Geschichte des Gebetes und der Gebetserhörungen ein ziemlicher Analphabet sein oder ein Ungläubiger oder ein verstockter Fanatiker.

Solche Leute ahnen ja nicht, mit welch realistischen Vorgängen sie es beim Gebet zu tun haben.

Mit dem Gebet drückt Gott den Menschen eine mächtige Waffe in die Hand, eine Waffe, mit der er die Oberhand gewinnen kann über alle destruktiven Mächte und Gewalten.

Was uns die Zukunft bringt, das entscheidet ganz allein, wie viele Menschen im Bunde mit Gott diese mächtige Waffe in Freiheit ergreifen und einsetzen.

In ihr lebt und wirkt Gott selbst. Das, und nur das, erklärt den Grund unseres Vertrauens in das Gebet.

Die Kraft, die durch vereintes Gebet, z.B. in Gebetsstürmen, erzeugt werden kann, ist in unvorstellbarem Maße konstruktiv. Denn diese Kraft ist göttlich und kann nur Harmonie und Frieden ernten.

Ohne sie ist Hoffnung und Vertrauen in unsere Zukunft sinnlos, ohne sie ist der Friede Utopie.

Leider lenkt der Wohlstands-Alltag die Menschen viel zu sehr von diesen viel wichtigeren Dingen ab. Zuviel verseuchte und verseuchende, fantasievergiftende Produkte, die heute in unsere Wohnzimmer flimmern, nehmen wertvolle Tageszeit in Beschlag, die der Mensch so dringend zu seiner positiven inneren Entwicklung, zu Gebet und Besinnung, bräuchte. Daß im Bereich von Rundfunk, Fernsehen und Video, religiös gesehen, eine fast totale Unterinformation herrscht, und daß Kinder und Heranwachsende vor keinerlei minderwertigen, unmoralischen Ausstrahlungen und Druckerzeugnissen mehr bewahrt bleiben können, das schreit zum Himmel.

Daß heute ganze Völker bewußt ins religiöse Abseits und Analphabetentum befördert werden, das ist ein diabolischer Plan.

Pornographie und Sexismus spielen auf Kosten der Seele die größten Triumphe aus.

Würden die Menschen, besonders die Christen, sich wenigstens dieser Sachlage bewußt sein, damit sie zum Appell an ihr Gewissen und ihr Verantwortungsbewußtsein werden kann.

Unkritisches Mitschwimmen im Strom kann sich heute kein verantwortungsbewußter Christ leisten.

Zur Ehre des Christen zählt seine kritische, ehrliche Prüfung der Umweltverhältnisse und ihrer Ursachen.

Und erst durch die Bemühungen einer gründlichen Analyse der Verhältnisse wird ihm klar, welche Therapie die geeignete und beste ist.

Er wird von selber darauf stoßen, daß ohne Gebet nichts geht, daß „das Schwert über unseren Häuptern nur aufgehalten werden kann" durch angemessene religiöse und moralische Anstrengungen, etwa durch die Organisation von „Gebetsstürmen".

Man darf ohne Zweifel davon ausgehen, daß das Volk für überzeugende, sittlich aufrichtende Argumente durchaus empfänglich ist. Es hat sicherlich längst begriffen, daß die Gegenwartsgeschichte Untergrundsbewältigung zu leisten hat.

Es weiß auch, daß diese Bewältigung Opfer, Initiative und Kompromißlosigkeit verlangt.

Und deshalb ist es grundverkehrt, das Volk mit Forderungen zu verschonen. Es durchschaut instinktiv jede Halbherzigkeit und spricht auf diese auch nicht an. So geht es auch der Jugend in ihrer religiösen Erziehung. Ihre religiöse

Rückständigkeit beruht in besonderem Maße auf Halbherzigkeit. Dem Unterricht in Englisch, Mathematik und Deutsch muß sie beiwohnen, aber dem Religionsunterricht nicht. Und in wie vielen Schulklassen fällt der Religionsunterricht ganz aus! Da wird Religion demonstrativ zur Nebensache abgestempelt.

Wieso soll die Jugend heute noch verstehen, was die Sorge um das Heil der Seele bedeutet?

Insbesondere, wenn heutige Religionslehrer und Priester, statt echten Glaubensunterricht zu erteilen, glauben, die Jugend mit Rockmusik und Sexkunde ködern zu müssen. Man nennt das Anpassung an die heutige Zeit. Heute ist besonders das Thema Aids „in".

Viele Eltern sehen mit Bedauern, was in dieser Beziehung in der Schule „los" ist. Die heutige Jugend erfährt auf diese Weise ja gar nicht, was „diese Stunde eigentlich und überhaupt geschlagen hat".

Daß sie und wir alle unübertrieben am Abgrund stehen und darum besser zum Rosenkranz greifen und das Gebet der „Frau aller Völker" beten sollten, davon weiß und merkt sie nichts.

Aber sie kann es ja auch nicht wissen, wenn ‚Fatima' und ‚Amsterdam' (z.B.) unterschlagen wird, wenn sie vom Wert und der Notwendigkeit des Gebetes überhaupt nicht überzeugt und noch weniger darin eingeübt wird.

Ich bin davon überzeugt, daß diese Jugend einen gnädigen Richter finden wird, nicht aber jeder verantwortliche Erzieher, der sich sorglos und gleichgültig den Tendenzen der Zeit angepaßt und somit seine eigentlichen Pflichten vergessen hat.

Es gibt für alle Eltern, Priester und religiösen Erzieher nichts Wichtigeres, als ihren Anbefohlenen eine innige Gottesbeziehung einzupflanzen und somit den Grund zu legen für ein frommes, gläubiges Gottesleben.

Aber das geht nicht ohne Vorbild und eine Umwelt mit Gebet. Wir können sie, wir müssen sie organisieren.

Wir brauchen sie, die Welt braucht sie, diese Umwelt des Gebetes.

Denn wo gebetet wird, wird Macht erzeugt, und zwar konstruktive Macht.

Eine Macht, ohne die es keinen Frieden gibt.

Eine Macht, die Gott uns schenkt.

Eine Macht, in der Gott selbst lebt und wirkt.

Eine Macht, die der Würde des Menschen entspricht.

Eine Macht, durch die du mitentscheiden kannst über Krieg oder Frieden.

Versunken

Meßbar

Sei es die Elektrizität, die Funkwelle, das Atom, das Elektron — wir glauben, daß es dieses gibt.

Wir glauben es, weil wir ihre Wirkungen erleben, obwohl wir nichts von alledem sehen können.

Wir leben in einem Zeitalter unsichtbarer Energien und Ströme. Die zivilisierte Welt ist heute in hohem Maße von ihnen abhängig. Nach allem, was wir heute mit der Technik erleben und zu beherrschen gelernt haben, müßte es uns „modernen" Menschen doch leicht fallen zu verstehen, daß die Vorgänge beim Beten ebenfalls auf der Wirkung unsichtbarer Energien beruhen.

Wir sehen zwar nichts davon, und doch „tut sich" beim Beten ebenso Reales wie beim Funk.

Das Beten ist eine echte Energieleistung.

Und das Erstaunlichste und Bewundernswerteste: Das kann gemessen werden, und es ist gemessen worden.

Nicht, als ob dabei ein paar armselige Stromstöße auf der untersten Meßskala registriert werden konnten. Nein: Verblüffendes konnte ans Tageslicht gebracht, eine Wahrheit in unser Bewußtsein geführt werden, die niemand für möglich gehalten hätte! Und die wir uns gut einprägen sollten: Fünf amerikanische Wissenschaftler, ausgerüstet mit den modernsten, leistungsfähigsten Meßgeräten, schlossen vom Nebenzimmer aus ihre Apparate an das Gehirn einer sterbenden Frau an.

Wohlgemerkt: Unsere 14 Milliarden Nerven- und Gehirnzellen sind Miniatur-Elektrobatterien. Sie schaffen ein magnetisches Feld.

Unsere Gehirne senden mit jedem Gedanken schwache Radiowellen aus. Etwas Empfindlicheres als die graue Substanz unter der Gehirnrinde kennt die Wissenschaft nicht. Sie ist die Wohnung unserer Gedanken.

Als nun die sterbende Frau um Verzeihung für ihre Feinde

bat, um Vergebung für ihre Schwächen und Sünden, und als sie mit einem letzten Seufzer ihre Seele in die Hände Gottes gab, da blickten sich die Wissenschaftler fassungslos an.

Der Zeiger ihres Instrumentes schlug bis zur letzten Frequenz, dem Höchstpunkt der Skala aus. Die geistige Kraft des Gebetes war 55mal größer als die früher mit dem gleichen Instrument gemessene Energie des größten amerikanischen Rundfunksenders.

Die verblüfften Wissenschaftler haben diese starken Gehirnströme während des Betens mindestens 30 Sekunden lang beobachten können.

Aus diesen Tatsachen lassen sich viele bedeutende Rückschlüsse für unsere Meinung und unsere Vorstellungen vom Gebet ableiten.

Unsere Gehirnleistungen sind mithin fähig, beim Beten — wie beim Telefon oder Funkgerät — mit Gott oder jedem beliebigen Himmelsbewohner, sprich Heiligen, ganz reale Verbindung herzustellen.

Es ist gut und wichtig, beim Beten daran zu denken, daß wir ja mit unserem Gegenüber aus dem ‚Jenseits' echt verbunden sind. Wir werden gehört und wahrgenommen, nicht nur über unsere Worte, sondern auch über unsere Gedanken, nicht nur akustisch, auch visuell. Ein frappierendes Beispiel gibt es aus Garabandal, einem spanischen Erscheinungsort der Jahre 1961 - 1965, zu berichten. Da erzählten die Seherkinder z.B., die Gottesmutter habe gelacht, weil einige Kinder in der Kirche „so falsch" gesungen hätten.

Man muß einmal diesen Gedanken „weiterspinnen", um zu der sicheren Erkenntnis zu gelangen, daß es für uns Menschen nichts gibt, was wir Gott und überhaupt den „Jenseitigen" verbergen könnten. Es hat absolut keinen Zweck, in diesem Sinne nicht radikal ehrlich zu sein.

Was unseren Kontakt zu Gott oder allen Heiligen anbelangt, so kann es absolut nicht passieren, daß „da oben" jemand gerade „besetzt" ist, weil ihn etwa ein anderer Gesprächsteilnehmer bereits in Beschlag genommen hat.

Die Dimensionen „da oben“ sind andere. Da kann man gleichzeitig an beliebig vielen Orten sein und gleichzeitig beliebig viele Gesprächskontakte haben.

Die „da oben“, zu denen wir rufen, sind jederzeit bereit, unsere Anliegen entgegenzunehmen.

Auf ihre liebende Fürsprache können wir mit absoluter Selbstverständlichkeit zählen.

Wenn wir Menschen (Christen) uns in großer Zahl und Eindringlichkeit, sagen wir in „Sturmgebeten“, an die Helfer „da oben“ wenden und darin nicht nachlassen, dann ist es überhaupt keine Frage, daß sich unsere Atom- und Kriegsängste alsbald in ein Nichts auflösen werden.

Die technische Vernichtungsmaschinerie ist ja nur so lange eine Gefahr für die Mehrheit, wie sie kombiniert ist mit Materialismus und Atheismus. Die Kriegsgefahr läßt sich nur ausrotten, wenn ihre Verursacher, Materialismus unt Atheismus, als eigentliche Motoren der Vernichtung ausgeschaltet und überwunden werden. Und das ist ein rein geistiger Vorgang.

Die materielle Aufrüstung ist heller Wahnsinn, weil sie in Wahrheit an ihrem Feind vorbeischießt.

Materialismus und Atheismus bedürfen der geistigen Gegenwehr, des Gebetes und damit der Verbündung mit stärkeren als irdischen Energien.

Die Politiker können noch so viel um Abrüstung und Verteidigung verhandeln, sie sind und bleiben unfähig, Weltprobleme zu lösen, wenn sie nicht mit geistigen Waffen kämpfen und den Hauptgegner der Menschheit „aufs Korn nehmen“: S a t a n !

Denn „Kriege, Revolutionen, Epidemien, Erdbeben und unzählige andere unheilvolle Ereignisse stammen von Satan (sind aber von Gott zugelassen für seine providentiellen und weisen Pläne.) ... Kein Übel ist jemals von Gott gekommen, es stammt immer und allein aus der Hölle und der Mitschuld und Liederlichkeit der Menschen. Sodoma und Gomorrha und andere unzählbare Züchtigungen waren Strafen, die nicht veranlaßt, sondern zugelassen wurden von Gott, um in den Menschen Reue zu erwecken. Sogar die allgemeine Sintflut wurde von der Hölle und der Mitschuld der verdorbenen Menschen ausgelöst." (Offenbarung Jesu an einen Priester: „Nicht ich, meine Söhne, habe diese Stunde gewollt", S. 93, Parvis-Verlag, Schweiz)

Die wichtigsten Realitäten, mit denen wir Menschen es zu tun haben, sind die unsichtbaren, aber energiegeladenen.

Die verdorbene Generation von heute spürt, was auf sie zukommt, aber sie hat wohl die falsche Brille auf, um die Realitäten zu erkennen, die das bewirken.

Die „falsche Brille", das ist die falsche Gesinnung, das Nicht-bereit-sein zur Umkehr, das Nicht-gottverbunden-sein, der Hochmut, die Gottferne, der Egoismus, der Dämonismus.

Zur Erkenntnis der entscheidenden Realitäten unserer Zeit gehört das Eingebundensein im Geiste Gottes.

Die schlimme Ursünde des Hochmutes wird nur durch die Demut besiegt.

Ohne sie sind wir nicht zur Erkenntnis der „Wahrheit" fähig. Mit ihr aber sind wir höchsten Erkenntnissen zugänglich und dem Geiste verbunden, der Frieden und Harmonie unter den Menschen ermöglicht.

Den Sieg über den Hochmut erringen zu können, das muß aber auch beinhalten: dazu die stärkeren Energien aufzuweisen. Die Demut muß eine göttliche Energiequelle sein!

Nur ein geheimnisvoller Schleier

Die meisten Christen sehen und leben viel zu wenig die wunderbare Realität der Gemeinschaft der Heiligen, d.h. unsere, der Lebenden, enge, tatsächliche Verbundenheit mit den Heiligen und allen, die „uns im Glauben vorangegangen sind".

Sie leben nicht ein Dasein in völliger Abgeschiedenheit von uns, sondern sie sind uns so nahe, wie es näher gar nicht geht.

Dieses bestätigt der verstorbene Pater Benedetto dem Priester Don Ottavio (in „Das Maß ist voll. Das Gefäß überfließt. Die Menschheit richtet sich selbst", Parvis-Verlag) mit den Worten: „Du siehst uns nicht, aber wir sind dir nahe; nur ein dünner und für euch unsichtbarer Schleier verbirgt uns eueren Augen."

Die Verbindung von „hüben" nach „drüben" ist eine flukturierende und sehr lebendige.

Was würden unsere irdischen Augen zu sehen bekommen, wenn das, was der Mensch von der Welt sieht, nicht ein durch die (von Gott so gewollte) Unvollkommenheit seiner Sehorgane verfälschtes und abgeschwächtes Bild wäre!? Die Welt würde sich ihm ganz anders darbieten, wäre sein Auge für Röntgenstrahlen empfänglich.

„Die Erkenntnis, daß unser ganzes Wissen vom Weltall nur auf fragmentarischen Eindrücken unserer unvollkommenen Sinne beruht, läßt uns daran verzweifeln, daß wir je an die Realität herankommen könnten" (Fischer-Bücherei, Lincoln, Barnett „Einstein und das Universum" in der Reihe „Die Grundlagen des Atomzeitalters", S. 18 ff.).

Auf jeden Fall ist aber ein weit effektiveres Herankommen an die Realität möglich, wenn wir uns endlich intensiver den unzähligen Offenbarungen und Prophetien zuwenden würden, die uns Menschen durch die Vorsehung Gottes über die Gottesmutter und viele andere Heilige zugedacht und geschenkt wurden.

Daß so sehr viele, leider auch Christen und sogar und genau so sehr Priester und Bischöfe, über solche Möglichkeiten der Information, über solche bedeutungsvollen (wenn auch nicht so geläufigen) Realitäten hinweggehen, dafür gibt es hauptsächlich nicht so sehr ehrenvolle Gründe. Da liegt u.a. oft auch unglaubliches Unverständnis zugrunde, aber auch Angst vor Schaden an der eigenen Reputation.

Wer wirklich den ungeheuer bedeutsamen unsichtbaren Realitäten näher kommen will, der muß demütig sein.

Jeglicher Stolz steht immer der Wahrheit im Wege.

Kompromisse auf der Suche nach der Wahrheit sind unwissenschaftlich, unehrenhaft.

Man muß offensichtliche Erkenntnisse akzeptieren, auch wenn sie als Konsequenz eine bedingungslose Umkehr, eine moralische Kehrtwende, ein neues Leben fordern.

Die Nichtannahme von Offenbarungen wie z.B. denjenigen von Lourdes, Fatima, Marienfried, Amsterdam hängt meistens mit korrekturbedürftigen seelischen Verhältnissen zusammen. Oder auch damit, daß man viel zu wenig informiert ist und seine Einstellung auf Vorurteile gründet.

Wer jedoch von zwar unsichtbaren, aber nicht weniger wichtigen Realitäten mehr wissen will, der kommt nicht ohne Offenbarungen aus, die bereits eine Menge von Geheimnissen gelüftet haben. Warum denn anders als zu unserer Information, die einen Teil auch unserer Würde ausmacht, hat Gott besonders in unserer so einmaligen Verwirrung der Geister, in der gefährlichen Zuspitzung der Weltlage und der Loslassung von Dämonen in nie gewesenem Ausmaß uns so unendlich viele, sehr bedeutsame Offenbarungen zugänglich gemacht!?

Wie sehr können sie unseren Erkenntnisstand erweitern, unsere Mitverantwortung anspornen, unsere Rettung herbeiführen, ja uns unendlich bereichern und Weisheit in uns heranbilden! Für unsere heutige Zeit sind solche Offenbarungen einfach dringend notwendig.

Würde Gott uns sie denn sonst zuteil werden lassen? Ist es nicht ein Geschenk, wenn z.B. der großartige Papst Pius XII. in einer Offenbarung an Don Ottavio dieses sagt: „Mit dem Tode also kehrt der Körper zur Erde zurück, aus der er stammte, während die Seele im selben Augenblick vom Körper befreit wird und sich vor der unendlichen göttlichen Schönheit und Majestät befindet.“?

Hier ist jemand, der aus einer Erfahrung heraus zu uns spricht, die wir noch vor uns haben.

Er sagt auch dieses: „Auf der Erde trennte uns eine große Entfernung, aber für den, der die Erde verlassen hat, ist keine Entfernung mehr vorhanden; das ist in wörtlichem und übertragenem Sinne zu verstehen.

Der Wechsel, den der Tod in uns bewirkt, ist so groß und tief, daß er sozusagen einer neuen Schöpfung gleichkommt. Das Leben der Seele ist den Gesetzen der Materie, der Zeit und des Raumes enthoben und in die Ewigkeit eingetaucht, von der sie auf Erden nur wenig, wenig zu erfassen imstande war und das Wenige nur schleierhaft.“

„Gemeinschaft der Heiligen“, das ist ein Begriff, der sich auch auf die Seelen bezieht, denen die Heiligkeit sicher ist, die sich aber noch im Zustand der Läuterung befinden. Es ist sehr interessant, was diese Seelen unter dem Titel „Seelen im Fegfeuer“ dem Priester Don Ottavio mitzuteilen hatten (in „Das Maß ist voll“, S. 116):

„Ihr müßt wissen, daß euere Möglichkeiten, Gutes zu tun für uns, sozusagen unerschöpflich sind; es würde genügen, alles, was ihr tut, von der natürlichen Ebene auf die übernatürliche der Gnade zu erheben mit der Absicht, ‚Alles sei getan für die Armen Seelen des Fegfeuers‘; so werden Dinge der übernatürlichen Ordnung wie die Feier oder die Teilnahme an der heiligen Messe in der eben genannten Absicht, aber auch ein Spaziergang, eine Ausgabe oder was ihr auch tut und denkt, wenn es aus Liebe zum Herrn geschieht, zur Hilfe für unsere Seelen.

Für uns können wir nichts tun, für euch aber sehr viel.

Gewiß, eure materiellen und besonders die spirituellen Bedürfnisse sind groß; aber warum ist es euch nicht bewußt, daß auch wir, die Seelen in der Läuterung, euch große Hilfe leisten können in euren persönlichen und sozialen Angelegenheiten?

Wenn ihr Christen wüßtet, wie schnell man uns vergißt, wie bald man an Versprechungen nicht mehr denkt; wie schlecht man den Glauben lebt; wie man mehr als an uns an unsere verwesenden und zu Staub zerfallenden Körper denkt! Wie viel könnte man aus Liebe und Gerechtigkeit tun für uns. Wir müssen unsere Gemeinschaft sehr verstärken, so werden ihre wohltuenden Wirkungen und der Segen Gottes reicher werden.

In Erwartung — Die Seelen im Fegfeuer".

Wenngleich wir dieses alles eigentlich schon wußten und glaubten, so ist diese Bestätigung immerhin doch eine eindrucksvolle Sache.

Und ob man es glaubt oder nicht; ist etwas wahr, so bleibt es wahr auch entgegen aller Leugnung.

Wesentlich ist es immer, aus dem Erkannten die ungeschmälerten Konsequenzen zu ziehen!

Am 13. Juni 1976 wird dem Priester Don Ottavio diktiert, folgendes zu schreiben:

„Die Anschauung Gottes, die aktive Teilnahme an seinem Leben, ist etwas so Großes, daß es in menschlichen Worten nicht ausdrückbar ist.

Ich wiederhole, daß nur ein geheimnisvoller Schleier uns trennt. Unser Leben ist so verschieden von dem eurigen, aber es ist ihm so nahe!

Ihr seid im Kampfgetümmel; wir sind im unendlichen Frieden Gottes, den nichts stören oder verändern kann.

Was sind die Dinge der Erde wert?

Nichts! Nichts! Nichts!

Von ihnen wird nicht einmal mehr die Erinnerung bleiben!

Habe Vertrauen zu uns, wir verfolgen euch Schritt um Schritt!"

Am 12. Juli 1976 ist es die eigene leibliche Mutter, die aus der anderen Welt dieses zu ihm sagt:

„Mein Sohn, schreibe, ich bin deine Mutter!

Du verstehst, wie empfindsam das Herz einer Mutter für all das ist, was das Leben ihrer Kinder betrifft.

Nun ist dir mehrmals, und mit Grund, gesagt worden, daß das Leben nicht unterbrochen wird vom Tod. Ich will von der Seele sprechen, dem Grund und der Ursache des Lebens des Leibes.

Die Seele einer Mutter wird gereinigt und vervollkommnet im überirdischen Dasein auch in ihrem Empfindungsvermögen gegenüber jenen, denen sie das irdische Leben schenkte.

Mein Sohn, du kannst verstehen, daß wir, da wir aus Gott in seinem unendlichen Lichte leben, euch und eure täglichen Erfahrungen, Leiden und Schwierigkeiten sehen, unter all dem aber nicht leiden können.

Unser grenzenloses Vertrauen in ihn und in die Liebe, die Gott für euch hat, macht uns glückselig.

Sohn, Mut! Du glaubst an die Gemeinschaft der Heiligen und weißt, daß dies nicht eine hohle Wahrheit ist; es ist eine erhabene Wirklichkeit, durch die uns Gott eint. Da wir ja in seiner Liebe leben, sind wir auch in der Liebe mit euch vereint.

Ich wiederhole dir: Mut!

Das Leben in der Zeit ist weniger als ein Augenblick, und die arme Erde ist weniger als ein unsichtbarer Punkt im All. Deine Mama!" („Erlöse uns von dem Bösen", Parvis-Verlag)

Ich kann nur sagen: Welch eine Information!

Ursymbol des Friedens

Eucharistiefeier ist ein für allemal der zentrale, fruchtbare Mittelpunkt, ohne den Gemeinden alle Kraft verlieren und zugrundegehen müssen.

Wie die Gemeindeverhältnisse so die Weltverhältnisse!

Es geht darum, einen gewaltigen, religiösen, sittlichen gemeinsamen Vorstoß aller christlichen Gemeinden miteinander zu organisieren und die Völker der Welt, die dabei sind, ein Sodoma und Gomorrha zu werden, sittlich und religiös wieder aufzurichten.

Wenn dies ernsthaft in Angriff genommen wird, erst dann, aber dann wird es möglich sein, erfolgreich Abrüstung zu betreiben.

„Nirgendwo wird der größere und wird der nähere Friede Gottes so dicht und wirksam Gegenwart wie in der Feier der Eucharistie. In ihr erbitten und empfangen wir den Frieden Christi, den Frieden, der Christus in unserer Mitte selber ist — in ihr wird uns der Friede Christi verkündet —, in ihr werden wir zum Dienst am Frieden hinausgesandt.

In der Eucharistie feiern die Christen das Geheimnis des Todes und der Auferstehung Jesu, durch das ihnen ein für allemal die Versöhnung mit Gott und den Menschen geschenkt wurde.

Im Mahl der Eucharistie lädt Gott an seinen Tisch.

Das gemeinsame Mahl ist ein Ursymbol des Friedens.

Eucharistie und Sonntag bilden eine Einheit. Darum wird der Sonntag zu einer Vorahnung des vollendeten Friedens, den der Herr der Welt schenken will, wenn er wiederkommt. Christen feiern daher den Sonntag als ständig wiederkehrenden Tag des Friedens.

Das Gebet um Frieden hat seinen zentralen Platz im Leben des einzelnen Christen und im Leben der Gemeinde."

Aus „Gerechtigkeit schafft Frieden, — Wort der Deutschen Bischofskonferenz zum Frieden".

Verkümmerung des Sonntags = Verkümmerung des Friedens!

Eucharistiefeier

Mittelmaß — eine Katastrophe

Wenn dies die Stunde des Gebetes und der Anbetung ist, so ist es auch die Stunde der Priester! Ihr Priester, begreift diese Stunde.

Gerade von euch verlangt unsere Situation energische Inititiativen. Setzt Tag für Tag das Allerheiligste aus!

Ruft zur täglichen — wenn auch kurzen — Anbetungszeit auf! Die öffentliche und vermehrte Anbetung Gottes ist ohne Zweifel ein bedeutsames Mittel, um Gott mit den Menschen, die ihn so sehr vergessen haben, die sich von Luxus und Genußsucht verzehren lassen, zu versöhnen. Ihr Priester selbst müßt den Gemeinden in der Anbetung ein leuchtendes Vorbild sein!

Ihr könnt nur wirklich gute Priester sein, wenn es euch täglich freiwillig zum stillen Gebet an den Tabernakel zieht.

Und auch das sei euch gesagt: wenn ihr euch im Medienkonsum äußerste Enthaltsamkeit auferlegt.

Dieser Punkt ist — das wißt ihr selbst — für euere priesterliche Entwicklung von größter Bedeutung.

Je weniger ihr euch selbst abverlangt, umso tiefer sinkt euere Gemeinde!

Auch oder besonders heute gilt: Das Maß des Priesters ist die Heiligmäßigkeit.

Führen heißt immer zuerst: Vorbild sein. Priester im Mittelmaß oder darunter sind eine Katastrophe für Kirche und Welt!

Wir dürfen uns nicht mit ihnen abfinden!

Ohne das starke, mitreißende Vorbild unserer Priester geben die christlichen Gemeinden schwerlich das her, was sie dieser unserer Zeit schuldig sind.

Denn man kann ohne Übertreibung sagen: Wie unsere Priester, so die Gemeinden, und wie die Gemeinden, so die Zeitverhältnisse! Und wenn sich die allgemeinen, so bedrohlichen Verhältnisse in entspannte und gesunde zurückverwandeln sollen, dann können wir lange, ja dann werden wir vergebens warten, wenn sich die besseren Verhältnisse, wenn sich der Friede der Welt nicht zuerst in unseren christlichen Gemeinden finden. In ihnen befindet sich die Kraft des Wandels. Darum findet sich in ihnen auch das Zentrum der Verantwortung.

Um dieser Verantwortung willen müssen hier die Strategien entwickelt, die Aktivitäten entfaltet werden, die der Friede fordert. Der Friede ist niemals das Ergebnis eines Zufalles, er muß organisiert werden. Diese Organisation muß allerdings von einer geistigen, geistlichen Führung ausgehen, weil nämlich der Friede eine Frage des Geistes ist.

Da aber, wie sich jeder Mensch ausrechnen kann, die total gespannte, verwickelte Weltlage nur durch angemessene Anstrengungen überwunden werden kann, müssen an die Gläubigen der christlichen Gemeinden kraftvolle Forderungen gestellt werden.

Was „sich" aber bisher in den Gemeinden in dieser Hinsicht wirklich „tut", ist wenig, sehr wenig, viel zu wenig. Und zwar hauptsächlich deshalb, weil — im allgemeinen — das Beispiel der Priester viel zu schwach ist, ihre Forderungen viel zu nachgiebig sind, und weil sie den Anspruch, den diese geschichtliche Stunde an alle Christen stellt, nicht deutlich genug interpretieren und an ihre Gemeinden herantragen.

Die Verantwortung der Christen in dieser Zeit ist einfach ungeheuerlich. Und darum muß die Anfeuerung der Christen mit vitaler Überzeugungskraft erfolgen.

Wer zum Frieden aufruft, der redet „gegen den Wind", wenn er die hochrangige priesterliche Mitverantwortung außer Acht läßt. Friedenswille ohne die volle Solidarität mit den Priestern ist eine höchst unvollkommene Sache.

Der Anfeuerung der Christen durch die Priester müßte vorangehen eine Anfeuerung der Priester durch christliche Laien. Doch auch dieses ist eine Frage der Organisation und eines disziplinierten Gemeindelebens.

Versehgang

Ebenbilder

„Für einen Menschen mit normalem logischen Denkvermögen gehört es zu den erstaunlichsten Erscheinungen unserer Zeit, daß es möglich ist, mit billigen Tricks und verbalen Taschenspielerkunststücken jede echte Argumentation zu ersetzen und mit einem kompletten Unsinn Milliarden von Menschen für dumm zu verkaufen". (Siegfried Ernst)

Die Materialisten, die nichts von einer Schöpfung Gottes halten, haben es fertig gebracht, die menschliche Gesellschaft mit Hilfe der darwinistischen Lehre lange Zeit irrezuführen.

Es ist nicht wenig verwunderlich, daß so viele „gebildete" Menschen den Zufall als schöpferischen Faktor erkannt haben. Sie glaubten und vertrauten Darwin. Aber er und seine Zeitgenossen ahnten noch nichts von der Programmierung der lebenden Zelle, die in ihrem Genom die gesamte Information, das „Projekt" ihres Wachstums, ihrer Differenzierung und ihres Stoffwechsels gespeichert enthält.

Sie konnten, da sie die Zelle noch für ein formloses Klümpchen Eiweiß hielten, mit viel Vertrauen auch an ihre zufällige Bildung glauben. Heute ist das beim besten Willen nicht mehr möglich.

Alles Lebendige ist ob seiner hohen Vollkommenheit ein einziger Hohn auf den Zufallsglauben.

Der Darwinismus und das dazugehörige „Biogenetische Grundgesetz" von Ernst Haeckel haben sich als Irreführung von fünf Generationen mit verheerenden ideologischen Konsequenzen entpuppt.

Das materialistische Menschen- und Weltbild ist mit klaren wissenschaftlichen Argumenten und Beweisen durch den Holländer Dr. Karl Gunning widerlegt.

„Dem von der Sinnlosigkeit gejagten Zweckdenken der Materialisten bleibt nur der Zufall als Erklärung für eine Welt, die durch Selbstorganisation der Materie das Zufallsprodukt Mensch hervorgebracht hat, der mit dem Zufallsprodukt Gehirn das Zufallsprodukt Geist erzeugt, welcher durch die Kausalitätsreihe der Zufälle zufällig in der Lage ist zu erkennen, daß er ein Zufallsprodukt ist.

Nach christlicher Sicht ist die Schöpfungsgeschichte eine Liebesgeschichte, und der Liebe Gottes ist nichts zuviel, seiner Allmacht nichts unmöglich, kein Aufwand ist ihm für den Menschen aus Liebe zum Menschen zu groß: Das Weltall könnte tausendmal größer sein, und der Mensch stünde durch die Liebe Gottes immer noch in seiner geistigen Mitte. Der Sinn der Schöpfung ist die Liebe. Daher ist die Welt mit Wissenschaft nicht versteh-, höchstens in seinen Einzelheiten erklärbar. Liebe steht über aller Wissenschaft. Liebe kann nur mit dem Herzen erfaßt werden." (Max Thürkauf: „Chistuswärts", Glaubenshilfe gegen den naturwissenschaftlichen Atheismus; Christiana-Verlag, Stein am Rhein)

Auch ist es für jedes Mitglied der menschlichen Rasse unwürdig, an den „Neandertaler" zu „glauben". Neuerdings liest man, daß unsere Urmutter vor etwa 200 000 Jahren in Afrika gelebt haben soll. Nie und nimmer aber waren unsere „Urmütter" oder unsere „Urväter" die „reinsten Affen mit unästhetischen ‚Mäulern' und ungelenken ‚Tatzen' ".

Wir erfahren auch durch die bewundernswert informativen „Gesichter" Anna Katharina Emmerichs, daß die ersten Menschen von außerordentlicher Schönheit waren.

Sie beschreibt dies so: „Sie waren wie zwei Kinder, unaussprechlich edel und schön. Sie waren ganz leuchtend, mit Strahlen bekleidet, wie mit einem Flor."

Und wer wollte denn ernstlich glauben, der erhabene, unvorstellbar weise und vollkommene Gott habe ein mißglücktes Erstlingswerk vom Menschen in seine Schöpfung gesetzt? Ein Werk, das noch der Korrektur und eines Reifeprozesses bedurft hätte?

Ist das nicht die reinste Gotteslästerung?

In der Bibel steht nämlich: „Dann sprach Gott: Laßt uns Menschen machen nach unserem Abbild, uns ähnlich!"

In „Die Menschheit an der Schwelle ihrer Befreiung" (S. 67) sagt Jesus zu Don Ottavio: „Der Mensch war ein herrliches und vollkommenes Geschöpf; seine Seele spiegelte den Atem der göttlichen Allmacht wider; er war frei und verantwortlich für sein Tun und fähig, *die Materie zu beherrschen* und sich in den unendlichen Horizonten der göttlichen Herrlichkeit zu bewegen!"

Man denke einmal aus, was es heißt, *die Materie zu beherrschen!*

Das muß mehr gewesen sein, als was unsere modernen Techniker unter Einschluß von Lärm und langen Versuchsreihen zuwege gebracht und „auf die Beine gestellt" haben.

Die ersten Menschen haben bestimmt nicht durch ohrenbetäubenden Lärm die wunderbare Harmonie der Schöpfung gestört. Sie hatten bestimmt keine Computer, Maschinen und Laboratorien nötig.

Es ist vielleicht möglich, Verständnis für die Fähigkeiten der ersten Menschen zu gewinnen, wenn man als Vergleich einmal die Vorgänge des 13. Mai des Jahres 1917 in Fatima heranzieht.

Nach den Berichten der Seherkinder ging dort folgendes vor sich:

„Als die Gottesmutter in Fatima erschien, hat sie das durch Blitze am völlig blauen Himmel ohne jedes Wölkchen angekündigt.

Die drei Hirtenkinder, Lucia, Jacinta und Francisco, bekamen es mit der Angst zu tun. Sie wollten fliehen. Doch dann blieben sie stehen, als seien sie angewurzelt, stumm vor Staunen.

Wenige Schritte vor ihnen schwebte über einer kleinen Steineiche in einem Lichtglanz, der heller leuchtete als die Sonne, eine *wunderschöne* Frau. Mit einer liebevollen Gebärde beruhigte sie die Kinder: ‚Habt keine Angst, ich tue euch nichts zuleide.'

Die wunderschöne Frau schien 15 - 18 Jahre alt zu sein. Sie hatte schwarze Augen. Ihr Kleid war weiß wie Schnee;

es war am Halse mit einer goldenen Schnur geschlossen und reichte bis zu den Füßen, welche die Blätter der Steineiche kaum berührten.

Ein weißer, goldumsäumter Mantel umhüllte den Kopf und die ganze Gestalt. Von den Händen, die sie vor der Brust gefaltet hielt, hing ein Rosenkranz aus weißen Perlen mit einem silbernen Kreuzlein herab.

Heller Lichtschein umstrahlte das Antlitz ..."

(Maria spricht zur Welt, Da Fonseca, Tyrolia-Verlag, Innsbruck)

Dies ist nur eine Szene aus Fatima. Man könnte unzählige solcher Beispiele anführen, was jedoch in diesem Rahmen nicht möglich ist. Es handelt sich hierbei nicht um Märchen und Fantasieprodukte, um psychische Störungen, sondern um erstaunliche Realitäten, deren Spuren zu folgen eine äußerst interessante Angelegenheit ist. Weil (z.B.) Marienerscheinungen mit all ihren Attributen stets unter der „Regie" Gottes stattfinden, will Gott auch, daß man sich mit ihnen ausführlich beschäftigt und alle möglichen Lehren aus ihnen zieht.

Es gäbe nicht eine so große Anzahl von der wissenschaftlichen Erforschung durchaus würdigen Privat-Offenbarungen, wenn Gott durch sie nicht Wissenswertes den Menschen mitzuteilen hätte.

Sollte man nicht immer dankbar, froh und in Ehrfurcht entgegennehmen, was uns aus der Quelle der Weisheit vermittelt wird?

Es kann uns doch nur von Nutzen sein. Es geht auch mehr um das, was uns „dort droben" für alle Ewigkeit erwartet, als um das, was die kurze Zeitspanne auf Erden betrifft.

Wenn uns nämlich erst einmal „ein Licht aufgegangen ist", welch unvorstellbar Großes uns dort droben erwartet, dann erscheinen uns die kleinen Dinge unseres Lebensalltags auch nicht mehr so groß und wichtig, dann leuchten uns in verstärktem Maße die Wunder der Schöpfung, an erster Stelle der Mensch, auf. Es gibt ja so viel der Wunder schon in dieser irdischen Sphäre. Erst ganz allmählich und in unserer Zeit erst ist es Menschen vergönnt, sich selbst bestaunen zu müssen. Man hat früher nicht gewußt, daß der Mensch ein so ungeheuer komplizierter Organismus mit 60 Billionen Zellen ist, die alle untereinander informieren und korrespondieren. Unser ‚Genom‘ (der einfache Chromosomensatz einer Zelle) besitzt die Fähigkeit, den Organismus zu organisieren, zu planen und zu regieren. Der Mensch ist ein Wesen, das sich aus der Verschmelzung von zwei Zellen und ihren Zellkernen nach einem bis ins letzte Atom in seinen Chromosomen und Genen, als einem ‚Genom‘, festliegenden Plan entwickelt.

Jeder Mensch ist einmalig und unwiederholbar. Zum Unterschied von allen anderen bekannten Lebewesen kann er sich selbst und seine Welt begreifen, sie untersuchen, sie analysieren und wieder neu gestalten. Er kann sein Wissen in seinem Gehirn speichern, es technisch festhalten, sammeln und für kommenden Generationen weitergeben. Nur der Mensch kann sein eigenes Verhalten beurteilen, seine Motive durchleuchten und werten.

Nur er stellt sich die Frage „Warum?“ und „Wozu?“

Wer diese Frage ernstlich und gewissenhaft zu beantworten bestrebt ist, der wird ohne Zweifel darauf stoßen, daß es einen allmächtigen Schöpfer geben muß, und der wird sich die Heilige Schrift zur Hand nehmen und das Leiden und Sterben des Gottmenschen erfahren, das er aus Liebe zu seinen Geschöpfen auf sich genommen hat.

Durch diese Tat hat Gott in einmaliger Weise auf die Würde und Größe des Menschen hingewiesen, der es ihm wert ist, ihn mit seinem kostbaren Blute zu erlösen. Wäre der Mensch wie alle Tiere nur für das Diesseits bestimmt, so hätte Christus ganz bestimmt keinen Tropfen Blut für uns vergossen.

Aber selbst solange wir noch auf dieser Erde weilen, wollte der Herr in keinem Augenblicke uns nicht nahe sein. Deshalb hat er ein größeres Wunder gewirkt als die Erschaffung des Universums, nämlich in seiner vollen Wirklichkeit unter uns in der kleinen Brotsgestalt zu wohnen. Wir können immer nur um Verzeihung dafür bitten, daß wir Menschenkinder diese grandiose Liebestat so kalt und unvollkommen würdigen. Doch muß uns diese Liebe zu denken geben: Wir sind sein „Ebenbild".

Jesus sagt zu Don Ottavio (in „Die Menschheit an der Schwelle ihrer Befreiung", S. 111):

„Das ist ein so großes Geschenk, daß kein anderes — ich sage nicht: ihm gleichkommt —, sondern ihm entfernt nur schattenhaft ähnlich ist; denn in Wahrheit besitzt ihr in mir, dem ewigen Wort Gottes, der Mensch geworden und unter euch gegenwärtig ist, alles; was kann euch mit mir in der Tat noch fehlen?"

An anderer Stelle (S. 131) sagt Jesus: „Ich bin unter euch gegenwärtig in meinem Stellvertreter, dem römischen Oberhirten; ich bin es mit meinem göttlichen Wort, ich bin das ewige Wort Gottes. Wo zwei oder drei Personen in meinem Namen versammelt sind, bin ich wirklich anwesend, denn ich bin die Liebe; und ich will sie ausbreiten über die ganze sichtbare und unsichtbare Welt. Dann bin ich physisch, wirklich und persönlich gegenwärtig im Mysterium des Glaubens und der Liebe: in der Eucharistie.

Mein eucharistisches Herz ist wirklich ‚kosmisch', denn es ist Ausstrahlung und sozusagen die Schleuder des Lichts, des Lebens und der Liebe."

Die Wohnung unseres Gottes im Tabernakel, mitten in unseren Städten, sie ist ein deutlicher Hinweis auf die Größe und Würde des Menschen auch in den Augen Gottes selbst.

Der Mensch ist sein geliebtes Ebenbild, dessen Herz ihm am meisten bedeutet.

Unsere größte Berufung besteht darin, Gott wiederzulieben. Wie aber können wir ihn wiederlieben, wenn unser Egoismus unsere ganz Zeit in Anspruch nimmt und wir an nichts anderes denken als an unser Vergnügen, unseren Wohlstand, unseren Genuß, unseren Sport, unsere Erholung und Flugreisen, unsere Parties, unsere Zerstreuungen und unser Fernsehen?

Wir „schlagen unsere Zeit ununterbrochen tot", damit wir ja nicht zum Nachdenken darüber kommen, warum wir eigentlich leben und wie rasch für jedermann die Stunde schlagen kann, wo es heißt, von all dem für immer Abschied zu nehmen, an dem wir so sehr gehangen haben.

Seit unserer Geburt wissen wir, daß wir uns auf diese Stunde des Abschieds von allem Irdischen zubewegen, und dennoch richten wir uns so wenig darauf ein.

Ist dies denn klug, wenn man doch weiß, daß wir alle am Ende unsere Ernte, so oder so, einzubringen haben?

Dann werden wir die Stunde der Wahrheit erleben, in der wir mit jedem unserer Gedanken, mit jedem unserer Worte, mit jedem unserer Werke, aber auch mit allem, was wir nicht gedacht, nicht gesprochen, nicht getan haben, Rechenschaft ablegen müssen.

Die Gerechtigkeit Gottes kann doch nicht zulassen, daß die Qualität eines jeden gelebten Lebens völlig gleichgültig gewesen sein sollte. Das wäre der Tod jeder Menschenwürde.

Das Wichtigste am Menschen, dem Ebenbilde Gottes, ist sein Herz.

Es kann lieben.

Es zu tun ist seine Berufung.

Es nicht zu tun ist sein Gericht.

„Wie sehr hat dein Herz für Gott und deinen Nächsten geschlagen?"

Das ist die Frage, an der kein Sterblicher in der Stunde der Wahrheit vorbeikommt.

Nach der Liebe werden wir alle gerichtet werden.

Sie ist der Maßstab. Die Liebe ist das Höchste. Sie ist Gott. Wo die Liebe, da ist Gott.

Gott in seiner Gerechtigkeit und Gnade gibt jedem Menschen so viel Gnade, daß sein Leben vor Gott fruchtbar sein kann. Aber so individuell jedes Leben, jedes Ebenbild Gottes ist, so individuell ist das, was Gott von jeder einzelnen Menschenseele erwartet. Gott hat den Menschen auf Ewigkeit angelegt. Der Tod unterbricht seine Identität in keinem Augenblick. Das ist eine entscheidende Realität für jeden Menschen. Niemand sollte sich ihrer zu spät bewußt werden!

DAS GROSSE ZEICHEN

Riesenchancen zum Weltfrieden vertan

Die Stellungnahme der Menschheit, insbesondere der Christkatholiken, zu den Ereignissen und Botschaften von Fatima im Jahre 1917 entschied wesentlich über den geschichtlichen Ablauf dieses unseres Jahrhunderts. Hier hat die Mutter unseres Herrn Jesus Christus, ohne Zweifel im Namen seines erbarmungsvollen Herzens, der Welt eine sehr aktuelle Sachlage unterbreitet: Es seien Kräfte am Werke, die von Rußland aus eine gefährliche „Irrlehre" verbreiten wollen. Sie würden Kriege und Verfolgungen der Kirche hervorrufen, Gute würden gemartert werden, der Heilige Vater würde viel zu leiden haben, und mehrere Nationen würden vernichtet werden.

Wenn man nicht aufhöre, den Herrn zu beleidigen, werde nicht lange Zeit vergehen, bis ein neuer, noch schlimmerer Krieg (als der Erste Weltkrieg) beginnen würde.

Mit der russischen Oktoberrevolution und dem Mord der Zarenfamilie im gleichen Jahr, 1917, kündigte sich in erschreckender Weise an, wie ernst die Fatima-Prophezeiung war.

Es ging der Gottesmutter aber nicht darum, Hiobsbotschaften zu verkündigen, sondern darum, eine schreckliche Zukunft zu verhüten. Dieses solle aber nicht ohne die freiheitliche Mitwirkung der Menschen geschehen.

Diese solle darin bestehen, Rußland dem Unbefleckten Herzen Mariens zu weihen, die Sühnekommunion an den ersten Samstagen im Monat zu halten und den Rosenkranz zu beten.

Gewiß war das eine Forderung, die Selbstüberwindung und Opfer kostete, aber mehr noch war sie eine Frage der Gesinnung, des guten Willens. Doch wie gering war sie im

Vergleich zu den entsetzlichen Opfern, die der Zweite (und Dritte) Weltkrieg und der kommunistische Terror einmal fordern würden.

Wie deutlich sehen wir hier den Zusammenhang des inneren Geschehens der Menschen und der äußeren Geschichte der Menschheit! Gott ist zwar der Herr der Geschichte, aber er diktiert sie nicht despotisch. Seinem Ebenbilde gesteht er in hohem Maße ein Mitspracherecht zu. Dieses zeigt sich jedoch oft dieser Würde nicht gewachsen. Deswegen ist ein Eingriff von „oben" oftmals der letzte Ausweg. Der Mensch ist als Gestalter der Geschichte wirklich kein Meister. Er braucht Hilfe.

Nichts als diese wollte Maria, die Mutter des Herrn, in Fatima den Menschen leisten.

Wer sich mit dieser Hilfe solidarisierte, indem er die Forderungen Marias nach Gebet und Sühne erfüllte, der säte den Frieden. Wer sich mit dieser Hilfe nicht verband, weil er die Liebe, den Opfersinn oder den Glauben dazu nicht besaß, der säte gottlose Ideologien und den Krieg. Weil wir den Krieg und den Kommunismus ernteten, darum wissen wir, daß es zu wenig waren, die Frieden säten.

Allerdings wissen wir nicht, wie viel noch Schlimmeres nicht eingetreten ist, weil überhaupt Friede gesät wurde.

Möchten doch endlich alle diejenigen, die sich Maria gegenüber gleichgültig oder ablehnend verhalten, erkennen, wie mächtig ihre Fürsprache ist und daß man Christus nichts entzieht, was man ihr schenkt.

Und möchten sie dieses bedenken: Mariens Aussagen in Fatima oder wo auch immer können nur richtig interpretiert werden, wenn sie als über Maria vermittelte Botschaft Christi angesehen werden.

Sich Maria zuwenden ist zugleich immer Christuszuwendung. Ihre Liebe ist Gottes Liebe.

Christus will, daß sein heiligstes Herz und das Herz Seiner heiligsten Mutter zugleich verehrt werden.

Maria ist immer da, wo ihr Sohn ist, das heißt auch im Altarssakrament. Es geht ihr stets um die Sache ihres Sohnes. Sie legt uns z.B. den Rosenkranz so sehr an unser Herz, weil er von Leben, Tod und Auferstehung ihres Sohnes handelt.

Es geht ihr mit Christus um das Heil der Seelen, um die Rettung der Welt. Darum warnt sie vor der Sünde, besonders vor der Sünde gegen die Reinheit — heute würden wir sagen vor dem entwürdigenden Sex-Kult — und mahnt, Gott um Verzeihung für unsere Sünden zu bitten (Bußsakrament).

In der Befolgung ihrer Botschaft, ihrer Ratschläge und liebenden Mahnung ist den Menschen ein weltveränderndes positives Potential in die Hände gelegt worden.

Es ist tragisch, über dieses unbeachtet und kalt hinwegzugehen.

Eine falsche Einschätzung und Einstellung zu Maria ist von verhängnisvoller Wirkung für die gesamte Menschheit geworden.

Was sie in Erscheinungen zu sagen hat, das „wischt man nicht ungestraft vom Tisch".

„Fatima" ist uns dafür keinen Beweis schuldig geblieben. Es hätte der Friede sein können, wäre er im Geiste „Fatimas" gesät worden!

„Marienerscheinungen sind in ihrem Wesen ein ‚Imperativ' (Befehl), wie in einer bestimmten Situation in der Kirche gehandelt werden soll." (Karl Rahner)

Allgemein ist über „Fatima" und andere (wichtige) Offenbarungen dieser Art folgendes festzuhalten: „Wenn Gott den Menschen niemals außergewöhnliche Zeichen gäbe, Zeichen seiner Existenz, könnte man darin ein ernstes Zeichen entweder seiner Nichtexistenz oder wenigstens seiner Unmitteilbarkeit den Menschen gegenüber sehen und meinen, Gott könne oder wolle sich den Menschen nicht mitteilen.

Er wäre dann nur die erste Ursache des Aristoteles oder der große Weltenbaumeister vieler Freimaurer oder der Uhrmacher nach Voltaire. Das Problem der Existenz Gottes wäre dann ohne Interesse, irrelevant, wie die Engländer sagen.

Sicher hat es die großen göttlichen Offenbarungen der früheren Jahrhunderte gegeben, die an Moses, an die Propheten und durch den Erlöser Jesus Christus; aber viele betrachten diese Offenbarungen gutgläubig als im Nebel einer ungewissen Geschichte untergetaucht, unsicher, durch die historische Kritik erschüttert.

Es ist eine Spur von Wahrheit in solcher Haltung. Man könnte gewiß antworten, daß die mystischen Erfahrungen der großen Gottsucher historisch feststehende Tatsachen sind, aber diese im allgemeinen wenig bekannt, und gewisse Leute glauben, sie auf bloße subjektive Phänomene zurückführen zu können, die durch die Psychoanalyse oder durch Umwelteinflüsse zu erklären seien." (Robert Francois in „So sprach Maria in Garabandal")

An anderer Stelle sagt Robert Francois: „Um zu einer unerschütterlichen Erkenntnis Gottes zu gelangen, scheinen viele unserer Zeitgenossen eine Gotteserscheinung, eine Offenbarung Gottes, notwendig zu haben!"

Wenn unsere Zeitgenossen Offenbarungen wie z.B. Fatima, Lourdes, La Salette, Marienfried nicht notwendig hätten, so gäbe es sie ohne Zweifel nicht. Da es sie aber gibt und sie ihren tiefen Sinn haben, wäre es unlogisch und unehrlich, ihnen nicht mit der allergrößten Wissenschaftlichkeit und Wahrheitsliebe auf den Grund zu gehen.

Das ist geschehen! Es gibt hochwertige wissenschaftlich-gründliche Auseinandersetzungen um die Ereignisse in den genannten Orten und anderswo.

Die Allgemeinheit besitzt Möglichkeiten, sich über diese eindrucksvollen Geschehnisse mit z.T. theologisch tiefsinnigsten Aussagen bestens zu informieren.

Leider ist es bis heute nur ein unbeträchtlicher Kreis unserer gläubigen Gesellschaft, der dieser „Dinge" kundig geworden ist.

Wenn sich nach gründlichster Untersuchung die Wirklichkeit nicht mehr ausschließen läßt, daß in Wahrheit die jenseitige, so geheimnisvolle Welt uns so überzeugend nahe ist, daß sie an unserem Schicksal und unserer Geschichte so liebevoll und hoch interessiert ist, weil wir eine zusammengehörige, lebendige und enge Gemeinschaft sind, weil sie uns überaus liebt, dann sollten wir uns dieser Welt gegenüber nicht mehr so eiskalt, gefühllos und unrealistisch verhalten.

Es ist unsere tiefe Armut, uns den Reichtum dieser Gemeinschaft nicht zu eigen und zunutze zu machen.

Wir müssen endlich und ein für allemal davon Abstand nehmen, als wäre zwischen dem Diesseits und dem Jenseits absolute „Funkstille".

Die Unmitteilbarkeit Gottes, seiner Mutter oder überhaupt aller Jenseitigen, die wir gemeinhin annehmen, entspricht nicht den Tatsachen. Das belegen einwandfrei die vielen erschütternden, faszinierenden und sehr bedenkenswerten Erscheinungen in Fatima und an vielen anderen Orten.

Durch ihre Häufigkeit in unserem Jahrhundert wird in besonderem Maße ihre hohe Aktualität bezeugt, aber auch die bedrückende Nähe der Apokalypse.

Die Echtheit der auf unsere Zeit bezogenen Botschaften Mariens kann heute vollständig zweifelsfrei erkannt werden, wenn man nur gewillt ist, sich in ausreichendem Maße zu informieren.

Der wahre Sinn aller Botschaften von La Salette über Fatima, Amsterdam, Garabandal bis heute ist der, alle bedingt angedrohten Strafen überflüssig zu machen. Keine von ihnen ist eine Drohbotschaft. Alle sind sie Liebesbotschaften. Sie bedeuten Hilfe und Abwendung.

Da die Menschen frei sind, die Botschaften anzunehmen oder abzulehnen, sind sie es selbst, die sich durch Nichtannahme der Hilfe ein schweres Schicksal oder gar Katastrophen aufladen.

Das ist unverzeihliche Unvernunft und Ausdruck einer negativen, sündhaften Gesinnung.

Ohne die Sünde und somit ohne den Teufel gäbe es keine Katastrophen und keinen schrecklichen Untergang.

„Die Sünde ist in sich destruktiv". (Hermann Volk)

Nichts von der bedrohlichen Situation der heutigen Menschheit kommt von Gott. Gott respektiert nur so sehr die Freiheit der Menschen, daß er zuläßt, was sie sich selbst bereiten.

Von allen Marienbotschaften dieses Jahrhunderts ist die bedeutendste diejenige in Fatima, im Jahre 1917.

Sie erging an die Menschheit, um den Kommunismus und den sich in ihm repräsentierenden organisierten Atheismus sowie den Zweiten Weltkrieg zu verhüten.

Wäre er verhütet worden, so brauchten wir heute auch nicht über den Dritten Weltkrieg zu reden und vor ihm besorgt zu sein.

Die Reaktion auf diese Botschaft entschied wie nichts anderes über den Ablauf dieses Jahrhunderts.

Damit wurde Fatima zum zentralsten, entscheidendsten Ereignis des XX. Jahrhunderts.

Die Menschen haben sich den Kommunismus und den Zweiten Weltkrieg aufgeladen. Werden sie sich auch den Dritten Weltkrieg aufladen?

Sieht man in der augenblicklichen Weltlage etwa Anzeichen dafür, daß sie es nicht tun?

Es sieht ohne Zweifel auf der Welt böse aus.

Man kann nur sagen: Die Menschen unserer Zeit sind in höchstem Maße unvernünftig, denn sie sind der Sünde und den Katastrophen zugeneigt.

Wie muß das das unaussprechlich liebende Herz der „Frau aller Völker" schmerzen!

Sie könnte ja sagen: „Ich habe euch in Fatima meine Hilfe angeboten, ihr habt sie ausgeschlagen. Nun seht ihr zu, wie ihr mit eurem Schicksal fertig werdet."

Sie sagt es nicht. Vielmehr erneuert sie ihr Hilfsangebot. In Fortsetzung von Fatima erscheint sie erneut in unserer irdischen Sphäre, sei es in Amsterdam (1945 ff.), Marienfried (1946 ff.), Heroldsbach (1949 ff.), Garabandal (1961 ff.) oder anderswo.

Und an jeder dieser Stationen geschahen unerhörte Dinge, Dinge, die unverkennbar für unsere Zukunft wegweisend waren, und die die Größe und Allmacht Gottes kundtaten. Nehmen wir ein Beispiel: M a r i e n f r i e d !

Da ging am Pfingstmontag, dem 13. Mai 1940, die fast 16jährige Bärbl Rueß in das Waldstück ihrer Eltern bei Marienfried, um ihren tags zuvor dort verlorenen Rosenkranz zu suchen.

Noch unschlüssig, welchen Rosenkranz sie beten wollte, gesellte sich plötzlich eine Frau zu ihr, grüßte und sagte: „Du überlegst, welchen Rosenkranz du beten sollst. Ich will dich einen anderen (als die bekannten) lehren und ihn mit dir beten."

Bärbl wunderte sich, daß die Frau wußte, woran sie gerade gedacht hatte, und fragte, wer sie sei und woher sie komme. Diese entgegnete: „Bete fleißig den Rosenkranz, dann lernst du mich kennen."

Hierauf erklärte die Frau ihr den sogenannten „Immaculata-Rosenkranz".

Die Frau hatte ihr auch angekündigt: „Du wirst mich schon wieder einmal treffen."

Nach dem Rosenkranz ging die Frau fort.

Bärbl behielt dieses merkwürdige Erlebnis für sich. Sie ahnte nicht, daß dieses zur Vorgeschichte der eigentlichen Ereignisse und der Botschaft von Marienfried gehörte.

Auffallend ist auf jeden Fall das Datum. Es ist der erste Erscheinungstag von Fatima (13.5.1917)!

Und daraus darf man sicherlich den Hinweis entnehmen, daß „Marienfried" innerlich mit „Fatima" zusammenhängt.

Und in der Tat ist es sehr wohl richtig, es so zu sehen.

Als nun sechs Jahre später, am 25. April 1946, Pfarrer Humpf und seine Schwester Anna gemeinsam mit Bärbl im Wald bei Marienfried eine Parzelle rodeten, weil hier die im

Krieg für Verschonung von Bomben und Zerstörung gelobte Kapelle erbaut werden sollte, da war plötzlich die gleiche Frau wieder da, die Bärbl vor sechs Jahren den Immaculata-Rosenkranz gelehrt hatte.

Die Frau sagte zu Bärbl, daß sie vor genau einem Jahre, am 25. April 1945, als die amerikanischen Soldaten einmarschierten, der Gottesmutter still versprochen habe, von jetzt ab täglich den Immaculata-Rosenkranz zu beten.

Bärbl wunderte sich, daß sie das wußte und sogar sagte, sie hätte ihr damit eine große Freude gemacht. Wenn sie keine Schleier trüge, würde Bärbl sie auch kennen.

Wieder einmal weiß also diese Frau, was im Inneren von Bärbl vor sich geht. Als die Schwester des Pfarrers, Anna Stumpf, Bärbl am folgenden Tag fragt, was diese Frau ihr denn alles gesagt habe, antwortet Bärbl: „Es sind recht dunkle, unverständliche Sachen wie: Du sollst Zeugin sein. — Dort, wo das meiste Vertrauen ist, und wo (man) die Menschen lehrt, daß ich bei Gott alles erreichen kann, werde ich den Frieden verbreiten. Dann, wenn alle Menschen an meine (mir von Gott übertragene) Macht glauben, wird Frieden sein.

Ich bin das Zeichen des lebendigen Gottes.

Ich drücke mein Zeichen meinen Kindern auf die Stirne. Der Stern wird das Zeichen verfolgen. Mein Zeichen aber wird den Stern besiegen."

In einer weiteren Erscheinung am 25. Mai 1946 ist die Frau ganz weiß gekleidet und trägt einen weißen Mantel. Ihre Haare waren dunkel und in der Mitte gescheitelt. Ein schönes Leuchten strahlte aus ihren Augen und aus ihrem ganzen Gesicht eine auffallende Klarheit und Reinheit. Es war etwas an ihr, das anzog und gefangennahm, so sagte Bärbl. Jetzt glaubte sie zum ersten Mal, wirklich die Mutter des Heilandes vor sich zu sehen, und rief: „Maria!"

Diese begann hierauf zu sprechen:

„Ich bin die große Gnadenvermittlerin. Wie die Welt nur durch das Opfer des Sohnes beim Vater Erbarmen finden kann, so könnt ihr nur durch meine Fürbitte beim Sohne Erhörung finden. Christus ist deshalb so unbekannt, weil ich nicht bekannt bin. Deshalb goß der Vater seine Zornesschale über die Völker aus, weil sie seinen Sohn verstoßen haben.

Die Welt wurde (zwar) meinem unbefleckten Herzen geweiht, (aber) die Weihe ist vielen zur furchtbaren Verantwortung geworden. Ich verlange, daß die Welt die Weihe lebt. Habt restloses Vertrauen auf mein unbeflecktes Herz! Glaubt, daß ich beim Sohne alles kann. Setzt an die Stelle eures sündigen Herzens mein unbeflecktes Herz, dann werde ich es sein, die die Kraft Gottes anzieht, und die Liebe des Vaters wird Christus neu in euch zur Vollendung bringen. Erfüllt meine Bitte, damit Christus bald als Friedenskönig herrschen kann!"

Danach offenbarte die Erscheinung Bärbl etwas Persönliches, ein Geheimnis, welches Bärbl für sich bewahren solle und welches sie jetzt auch noch nicht verstehe.

Im Anschluß an diese private Mitteilung spricht die lichtvolle Erscheinung: „Die Welt muß den göttlichen Zornesbecher bis zur Neige trinken wegen der unzähligen Sünden, wodurch sein Herz beleidigt wird. Der Stern des Abgrundes wird wütender toben denn je und furchtbare Verwüstungen anrichten, weil er weiß, daß seine Zeit kurz ist, und sieht, daß sich schon viele um mein Zeichen geschart haben. Über diese hat er keine Macht, wenn er auch den Leib vieler töten wird.

Aber aus diesem für mich gebrachten Opfer erwächst meine Macht, die restliche Schar zum Sieg für Christus zu führen.

Betet den Rosenkranz. Betet nicht so sehr um äußere Güter. Es geht heute um mehr. Erwartet auch keine Zeichen und Wunder! Ich will im Verborgenen wirken als die große Gnadenvermittlerin.

Den Frieden der Herzen will ich euch vermitteln, wenn ihr meine Bitte erfüllt. Nur auf diesem Frieden wird sich der

Friede der Völker aufbauen können. Dann wird Christus als Friedenskönig über alle Völker herrschen."

In einer dritten Erscheinung, am 25. Juni 1946, erschien Bärbl die schöne Frau noch viel heller und schöner, so daß sie ausrief: „Maria, wie schön bist du!"

Es ist ohne Zweifel Maria, und diese sagt:

„Ich bin die große Gnadenvermittlerin. Der Vater will, daß die Welt diese Stellung seiner Dienerin anerkennt. Die Menschen müssen glauben, daß ich als dauernde Braut des Heiligen Geistes die getreue Vermittlerin aller Gnaden bin. Mein Zeichen ist im Erscheinen. So will es Gott ...

Im Verborgenen will ich Wunder wirken an den Seelen, bis die Zahl der Opfer voll ist. An euch liegt es, die Tage der Dunkelheit abzukürzen. ... Haltet den mir geweihten Samstag, so wie ich es gewünscht habe (in Fatima!).

Die Apostel (Bischöfe) und Priester sollen sich mir besonders weihen, damit die großen Opfer, die der Unerforschliche gerade von ihnen fordert, zunehmen an Heiligkeit und Wert, wenn sie in meine Hände gelegt werden.

Wählt euch mein Zeichen, damit dem Dreieinigen bald die gebührende Ehre zuteil wird. Ich fordere, daß die Menschen meine Wünsche bald erfüllen, weil dies der Wille des Himmlischen Vaters ist und weil es zu seiner größeren Ehre und Herrlichkeit heute und allezeit notwendig ist. Ein schreckensvolles Wehe verkündet der Vater denen, die sich seinem Willen nicht unterwerfen wollen.

Dies ist meine Botschaft an die Welt, man muß die Menschen davon unterrichten."

Die Frau wendet sich an Bärbl und bittet sie, dafür zu sorgen, „daß ihr Wille kundgetan wird".

Bärbl gibt zu bedenken, sie könne sich das nicht alles merken, sie habe ein schlechtes Gedächtnis. Die Erscheinung aber beruhigt sie: „Hab Vertrauen, zur rechten Zeit weißt du wieder die richtigen Worte."

Und bei der Niederschrift fallen Bärbl tatsächlich alle Worte wieder ein. Sie kann ihren Auftrag erfüllen und die

Menschen von der Botschaft unterrichten.

Mit dieser Botschaft ist nicht zu spaßen. Sie ist eine Forderung. Hinter ihr steht eine Autorität, die für alle Menschen Verbindliches auszusagen hat. Wer gegen sie rebelliert, kann das nur zu seinem eigenen Schaden tun. Doch wer auch nur den geringsten Zweifel daran haben würde, daß sich hier „der Himmel“ an die Erde wendet, dem müssen diese Zweifel spätestens vergehen, wenn er Notiz von einem theologisch bedeutsamen Preisgebet der Heiligsten Dreifaltigkeit nimmt, welches Bärbl der Erscheinung laut nachspricht und darum von Herrn Pfarrer Humpf stenographisch festgehalten werden konnte. Von der übrigen, dreiviertelstündigen Zwiesprache zwischen Bärbl und der Erscheinung vernahmen der Pfarrer und seine Schwester nichts. Da sahen sie nur, wie sich die Lippen bewegten.

Der Preisgesang auf die Allerheiligste Dreifaltigkeit hat folgenden Wortlaut:

„ Heil Dir, ewiger Herrscher, lebendiger Gott, allzeit Gewesener, furchtbar gerechter Richter, immer gütiger, barmherziger Vater!
Dir werde neu und allezeit Anbetung, Lobpreisung, Ehre und Herrlichkeit durch Deine sonnengehüllte Tochter,
unsere wunderbare Mutter! Amen.“

„Heil Dir, geopferter Gottmensch, blutendes Lamm,
König des Friedens, Baum des Lebens,
Du unser Haupt, Tor zum Herzen des Vaters,
ewig aus dem Lebenden Geborener,
in Ewigkeit mit dem Seienden herrschend!
Dir werde neu und allezeit Pracht, Herrlichkeit und Größe, Anbetung und Sühne und Preis durch Deine makellose Gebärerin, unsere wunderbare Mutter! Amen.“

„Heil Dir, Geist des Ewigen, allzeit Heiligkeit Strömender, seit Ewigkeit wirkend in Gott!
Du ewige Feuerflut vom Vater zum Sohn, Du brausender Sturm, der Du wehest Kraft und Licht und Glut in die Glieder des ewigen Leibes.

Du ewiger Liebesbrand, gestaltender Gottesgeist in den Lebenden,
Du roter Feuerstrom vom Immerlebenden zu den Sterblichen!
Dir werde neu und in alle Ewigkeit
Pracht und Herrlichkeit und Schönheit durch Deine sternengekrönte Braut,
unsere wunderbare Mutter! Amen."

Man braucht wohl nicht zu erwähnen, daß eine so tiefsinnige theologische Aussage nicht aus dem Hirn eines so jungen, theologisch noch ungebildeten Mädchens stammen kann.

Hierzu schreibt Bischof Dr. Graber: „Das unsagbar schöne und tiefe Preisgebet zum Dreifaltigen Gott sucht seinesgleichen in der Geschichte der Mystik und kann vielleicht nur mit Simeon, dem Theologen der Ostkirche, verglichen werden. Marienfried ist aufgebaut auf einer geradezu klassischen Theologie; denn alles in Marienfried drängt hin auf den Dreieinigen Gott."

Es ist inhaltlich von außerordentlich hohem Niveau. Maria hat wirklich ein Stück Himmel auf die Erde gebracht, denn dieser Preisgesang ist ein Erzeugnis des Himmels.

Aber natürlich geht es nicht um ein flüchtiges Kennenlernen, sondern um seinen Vollzug, d.h. um das Singen und Beten dieses einzigartigen, von himmlischer Schönheit und theologischer Tiefe erfüllten Gesanges.

Maria, die ein Jahr vor Marienfried, am 25. März 1945, in Amsterdam zum ersten Mal als „Frau aller Völker" „auftrat", will, ja verlangt, daß dieser Preisgesang auf die Allerheiligste Dreifaltigkeit, wie überhaupt alle ihre Botschaften, in alle Völker hineingetragen werden.

Es ist ihr nicht recht, daß nur eine kleine Schar besonders Getreuer ihre Rufe, Botschaften und Hilfsangebote hört und respektiert.

Wenn die mächtige Himmelsmutter der Welt etwas zu sagen hat, so ist das niemals unwichtig. Und es hat böse Folgen, wenn man sie überhört und ihre Botschaften nicht befolgt.

Dazu nimmt sie in Marienfried auch selbst Stellung. Sie sagt z.B., es sei vielen zur furchtbaren Verantwortung geworden, die Weihe an ihr unbeflecktes Herz (1942) zwar vollzogen, aber nicht *gelebt* zu haben. Und wenn die Menschen weiterhin durch unzählige Sünden das kostbare Herz ihres Sohnes Jesus Christus beleidigen, so müsse die Welt den göttlichen Zornesbecher bis zur Neige trinken.

Denn „was immer wir säen, das werden wir ernten!"

Und wo immer, wie in Marienfried, die unvorstellbaren Dimensionen des Himmels ihre Spuren hinterlassen haben, da kann man ihnen nur durch Ehrfurcht und Respekt gerecht werden.

Die „Gnadenvermittlerin", die Wunder im Verborgenen zu wirken verspricht, wird von Bärbl bei ihrer letzten Erscheinung in Marienfried, am 25. Juni des Jahres 1946, so erlebt:

„Die dreifache Strahlenkrone über ihrem Haupt war so hell und groß, daß sie den ganzen Himmel bedeckte. Während sie den Segen gab, sah ich von ihren Händen lauter Strahlen ausgehen, die durch die Gestalten und auch durch uns nach oben weiter zum Himmel gingen. Die Gestalten und wir wurden davon ganz licht. Die Strahlen gingen schließlich auch von ihrem ganzen Körper aus und durchdrangen alles, was rundum war, wie ein Sonnenstrahl, der durchs Fenster leuchtet. Sie wurde ganz durchsichtig und war in einen Glanz getaucht, den man nicht beschreiben kann; so schön und rein, so lichtvoll, daß es dafür keine Worte gab. Ich war wie geblendet, habe alles um mich herum vergessen und wußte nur das Eine: Dies war die Mutter des Heilandes!"

Wer war Bärbl, die eine solche Schau hatte?

Zur Zeit der Erscheinungen in Marienfried war Bärbl ein zweiundzwanzigjähriges, im Dienste der katholischen Jugenderziehung stehendes Mädchen.

Sie liebte das Einfache und Unscheinbare und hatte eine

starke Abneigung gegen alles Außerordentliche, Über- und Untertriebene. Nichts war ihr mehr zuwider, als Gesprächsthema anderer zu sein. Von einem Drang, sich in den Mittelpunkt zu rücken, fand sich bei ihr keine Spur. Im Gegenteil: Sie ging, wo sie nur konnte, jedem Besuch in demütiger Zurückhaltung aus dem Wege.

Es ging ihr nie um ihren persönlichen Vorteil, um Lob oder Ehre. Anderen in aller Stille zu dienen, sich für andere einzusetzen und, wenn nötig, aufzuopfern wurde immer mehr ihre Lebensaufgabe.

Ihr Seelenführer berichtet: „Man hatte den Eindruck, die heilige Messe und Kommunion seien für sie ein Erlebnis stärkster Art, in dem sie mit der ganzen Innigkeit und Hingabefrömmigkeit ihrer Seele lebte. Ihre Innerlichkeit und ihr Leben im heiligen Geheimnis des Altares war für mich eine dauernde stumme Predigt."

Sie sprach öfter mit dem „Engel der großen Gnadenvermittlerin", wußte aber nicht, daß das etwas Besonderes war, denn sie glaubte, das sei ganz natürlich und wäre auch bei anderen so.

Andere Besonderheiten an ihr waren z.B.:

Ihr wurde der Tod Sterbender angekündigt, sie hatte die Armenseelenschau und konnte Priester von Laien, Katholiken von Protestanten, Menschen im Stande der Gnade von solchen in der Sünde, unverwandelte von konsekrierten Hostien unterscheiden. Sie trat mehrfach auf Geheiß des Engels zu nächtlichen Gebets- und Sühneopfern in die nachweisbar verschlossene Pfarrkirche ein und fand das Gotteshaus stets hell erleuchtet, ohne daß sie oder ein anderer den Lichtschalter bedient hätten.

In der Fastenzeit 1947 wurde sie sichtbar stigmatisiert.

Es ließe sich noch vieles andere Interessante über ihre Person berichten, besonders über ihre Demut, ihre Leidensbereitschaft, über ihre Entführung und den unbeschadeten erzwungenen Verzehr vergifteter konsekrierter Hostien. Doch sollen diese Andeutungen über ihre Person und ihren

Charakter genügen.

Denn es geht bei all dem ja gar nicht um ihre Person.

Es geht um die Menschheit, um jeden einzelnen Menschen, um dich und um mich. Die liebenden Herzen Jesu und Mariä — sie sind die eigentlichen „Motoren“ von Fatima, Marienfried u.a. — schließen niemanden aus.

Indem die Gottesmutter Bärbl zum ersten Male an einem 13. Mai erscheint, weist sie deutlich auf den inneren Zusammenhang mit Fatima hin.

Es geht wie in Fatima um die Lösung riesiger Weltprobleme. Aus Fatima könnten die Menschen lernen, daß sie in ihr Unglück rennen, wenn sie ohne Vertrauen zu Maria sind und ihre Hilfe ausschlagen.

Sie bedachten nicht und vertrauten nicht darauf, daß Maria die überragende Fähigkeit des vollkommenen Überschauens aller geschichtlichen Zusammenhänge und der Vorausschau möglicher zukünftiger Ereignisse besitzt.

Die Unermeßlichkeit ihrer Liebe und Hilfe steht der Menschheit zur Verfügung, aber diese erkennt nicht, was sich ihr an Gunst und Gnade bietet.

Die Menschen, und leider sogar die für diese Dinge besonders Zuständigen, gehen darüber hinweg, als wäre das alles nicht so wichtig. Ungeheuer ist diese Tragik!

Fatima ist sozusagen der Prototyp aller folgenden, sehr bedeutungsvollen Erscheinungen des 20. Jahrhunderts.

Wer „Fatima“ sagt, muß alles meinen, was hinterher, z.B. in Amsterdam, Marienfried, Heroldsbach, Eisenberg, Garabandal und anderswo noch folgt.

An keinem dieser Orte gibt es etwas, was gegen die Offenbarung Gottes ist. Alles fügt sich in die marianische Tradition der Kirche ein und gibt wertvollste Einblicke in unsere heutige Situation. Ihre Forderungen an die Menschen sind ausschlaggebend für die weitere Entwicklung, bzw. für die Abwendung drohender Gefahren. Maria und ihre Worte nicht zu respektieren ist gewissermaßen Selbstmord der Menschheit. Den Wert und die Bedeutung ihrer Worte hat

sie mehrfach in grandioser, eindrucksvoller Weise unterstrichen und bekräftigt. Zigtausende von Gläubigen und Ungläubigen wurden in Fatima und Heroldsbach Zeugen eines unbeschreiblichen, erschütternden Sonnenwunders.
„Alle sahen sie, daß die Sonne plötzlich begann, wie ein Feuerrad mit ungeheurer Geschwindigkeit um sich selbst zu kreisen, dabei gelbe, grüne, rote, blaue und violette Strahlenbündel werfend, die Wolken, Bäume, Felsen, Erde und die ungeheure Menge in fantastische Farben tauchten. Einen Augenblick hielt sie an, dann begann der Tanz der Feuerscheibe von neuem. Noch einmal stand sie still, um dann ein drittes Mal den wunderbaren Anblick zu bieten, noch farbenprächtiger, noch glänzender als vorher." (Fonseca: „Maria spricht zur Welt")

Der Grund, warum mit Maria der Himmel so unaufhörlich und drangvoll in unser Diesseits einbricht, ist doch in der Tat offensichtlich und sehr realitätsbezogen. Unsere Hilfsbedürftigkeit ist unverkennbar und eklatant. Denn die Menschen werden wirklich nicht mehr mit ihren selbstfabrizierten politischen, militärischen und ökologischen Krisen fertig. Anstatt besser wird es immer schlimmer auf der Welt.

Darüber kann auch nicht die Abschaffung der Mittelstrecken-Raketen hinwegtäuschen, die doch nicht mehr als 4 % des vorhandenen Rüstungspotentials ausmachen.

Eine Schwalbe macht noch keinen Frühling.

Die sich so gescheit dünkenden, wissenschaftlich und technisch so versierten Erdenbewohner steuern ihren Globus mit jedem Tag näher auf eine Katastrophe zu.

Wer bremst diesen Trend, wenn nicht eine auf Gott ausgerichtete Welt?

Diese Ausrichtung will die Gottesmutter erwirken. Sie kann und will in ihrer übergroßen Liebe nicht tatenlos bleiben. Sie nimmt in vielen vielen Erscheinungen auf der ganzen Welt Kontakt zu den Menschen auf. Sie läßt sich sehen und hören. Sie kennt die inneren und äußeren Verhältnisse der Menschen und jeden einzelnen bis auf den Grund der Seele.

Allen möchte sie helfen und die auf der Menschheit lastende schreckliche Bedrohung in ein Nichts auflösen. Doch das setzt voraus, daß die Menschenkinder auf ihre Hilfe und Führung eingehen, daß sie ihre Ratschläge annehmen. Die meisten sind weit davon entfernt, das zu tun. Sie sagen mit Faust: „Die Botschaft hör ich wohl, allein mir fehlt der Glaube."

Die Glaubensschwachheit, sie ist „des Pudels Kern". Daß so viele Menschen so wenig glauben, das liegt auch daran, daß sie zu wenig über ihren Glauben und seine Geheimnisse wissen.

Ohne Zweifel ist die intensive Beschäftigung mit den Botschaften aus Fatima, Marienfried, Garabandal u.a. eine ausgezeichnete Schule und Festigung des Glaubens. Wie sehr kann sie unsere unzureichenden Vorstellungen über jenseitige Wirklichkeiten verbessern und uns einsehen lassen, daß unsere sichtbare irdische Welt von unendlichen Scharen unsichtbarer persönlicher Wesen umgeben und durchdrungen ist. Daß diese alles von uns sehen und wissen, während uns ihre Welt im Dunkel der Unwissenheit verborgen bleibt.

Aber sie können, wenn Gott es will, in unsere Sphäre eindringen ohne Raumschiffe und Raketen. Ihre Seinsweise ohne Raum und Zeit ist uns unvorstellbar. Sie „schauen" Gott. Das ist uns Irdischen nicht möglich. Denn Gott sagt zu Moses: „Du kannst mein Angesicht nicht schauen, denn kein Mensch kann mich sehen und am Leben bleiben." Gott schuf das größte Wunder aller Zeiten, größer als die Erschaffung der Welt: Das Sakrament des Altares, die Anwesenheit Gottes unter den Menschen in der Gestalt des Brotes, weil wir in unserem Leibe überfordert sind, ihn anzuschauen.

Wir sind noch nicht die "Schauenden", sondern die im Glauben auf die „Anschauung" Gottes Hoffenden, vorerst

zu ihr nur Berufenen, aber schon in brüderlicher Verbundenheit zu den „Schauenden" Stehenden. „Botschaften" aus dem Kreis der schon „Schauenden" sind, so gesehen, nichts völlig Auszuschließendes. Man muß nicht verwundert oder gar skeptisch sein über Erscheinungen. Erscheinungen nehmen nur ein späteres praktisches, uneingeschränktes Mit- und Beieinander vorweg. Die Gemeinschaft zwischen ihnen und uns ist doch ein Glaubenssatz und damit als Faktum ausgewiesen.
Das gute, liebevolle Verhältnis zwischen den beiden Seiten dieser Gemeinschaft kommt kaum irgendwo und irgendwann so herrlich zum Ausdruck wie in dem wunderbaren Erscheinungs-Ereignis von Guadalupe des Jahres 1531. Es ist eine Köstlichkeit für alle Marienverehrer und wahrhaft würdig, allen Generationen ins Gedächtnis gebracht zu werden. Außerdem ist das Guadalupe-Wunder ohnehin erst in unserer Zeit wieder aktuell geworden, weil es in seiner Vollständigkeit erst ans Tageslicht befördert werden konnte, nachdem die Phototechnik unserer modernen Zeit verblüffende Einzelheiten entdeckt hatte.

Hier die reizende Erscheinungsgeschichte:

Zehn Jahre nach der Eroberung Mexikos durch die Spanier erschien einem jungen Indio, namens Juan Diego, die Gottesmutter. Das wollte ihm sein Bischof nicht „abnehmen". Er machte es von einem Beweis abhängig. Juan Diego teilte dieses bischöfliche Ansinnen der Gottesmutter mit. Diese nannte sich „die immerwährende Jungfrau Maria, die Mutter des wahren Gottes, welche die Schlange zertritt".

Ihr Gespräch mit Juan Diego war von ergreifender Herzlichkeit. Ihre Worte, unaussprechlich gütig, sind auch an uns geichtet: „Nichts soll dich betrüben, nichts dich bekümmern. Bin ich denn nicht hier, deine Mutter?" Sie befahl ihm, als Antwort auf die Zweifel des Bischofs, den Berg hinaufzusteigen und dort auf felsigem Grund, wo niemals Blumen wachsen können, Blumen und wunderschöne, himmlisch duftende Rosen zu pflücken. Juan Diego glaubte ihr das und stieg den Berg hinauf, fand die Blumen und brachte sie dem Bischof mit den Worten: „Ich wußte ganz gut, daß auf dem Berg keine Blumen wachsen können, besonders nicht zu dieser Jahreszeit, doch zweifelte ich nicht an ihren Worten. Als ich oben ankam, war ich erstaunt, mich von schönen Blumen umgeben zu sehen, die alle von Tautropfen glänzten. Ich pflückte, so viel ich tragen konnte, und brachte sie zu ihr zurück. Sie ordnete sie mit ihren eigenen Händen und legte sie wieder in mein Gewand (die Tilma), damit ich sie euch bringe. Hier sind sie, da nehmt sie!"

Mit diesen Worten ließ Juan Diego die Enden seiner Tilma los, und die Blumen, darunter kastilische Zuchtrosen, fielen auf den Boden herab, verschwenderisch in ihrem Duft.

Zumarraga, so hieß der Bischof, starrte die Blumen einen Moment lang an. Voller Staunen erhob er dann seine Augen zu der Tilma, und in diesem Augenblick erschien darauf ein herrliches Bild der Mutter Christi.

Wie elektrisiert hefteten sich die Augen der in dem lautlosen Raum anwesenden Personen einen Augenblick lang auf das strahlende Bild, als ob sie eine Erscheinung schauten. Dann sanken alle langsam in Ehrfurcht und Verehrung auf die Knie nieder.

Äußerst verwirrt blickte Juan Diego an sich herab, um zu sehen, warum sie so erstarrt auf einen Punkt blickten. Und überwältigt sah er vor sich ein genaues Abbild der himmlischen Dame, die er auf dem Tepayac (Berg) gesehen hatte:

Juan Diegos Augen leuchteten vor Verwunderung. So war sie also, wie es schien, gewissermaßen in eigener Person gekommen, um dem Bischof dieses weitere unanfechtbare Zeichen zu geben, einen wunderbaren sichtbaren Ausdruck ihrer Gegenwart.

Heute ist der Ort dieses Wunders der größte Wallfahrtsort der Welt. Jährlich pilgern 20 Millionen Gläubige voll Vertrauen zu Maria hierher.

Dieses himmlische Bild wurde in mehr als 450 Jahren

von Millionen und Abermillionen von Pilgern berührt, geküßt und stark strapaziert. Es stand Jahrhunderte hindurch im Rauch unzähliger Kerzen, ja es erlebte sogar einen Bombenanschlag, der das Bild zerstören sollte. Und dennoch ist es bis auf den heutigen Tag unversehrt, voller Leuchtkraft, Schönheit und Frische.

Das Gesicht der Jungfrau ist ein Meisterwerk an künstlerischem Ausdruck. Es ist ein authentisches Bild ihrer selbst. Doch das ist nicht das einzig Unerklärliche an diesem Bilde. Es ist wissenschaftlich erwiesen, daß dieses Bild ohne jeden Pinselstrich zustandekam und den Charakter einer Photographie besitzt. Wohlgemerkt: entstanden im Jahre 1531!

Das Material der Tilma hätte normalerweise in wenigen Jahren zerschlissen sein müssen. Das ist bis heute, nach so vielen Jahrhunderten, nicht der Fall.

Wie sehr aber erst waren die Forscher verblüfft, als sie in unserer Zeit das Bild photographierten! In einer Vergrößerung entdeckten sie in den Pupillen der Augen Marias den Seher Juan Diego und alle mit ihm in dem gleichen Raum anwesenden Personen einschließlich des Bischofs.

In der gleichen Zeit, da man dieses erlebte, fand sich nach jahrhundertelanger Verschollenheit ein Ölbild von Juan Diego wieder, welches zu seinen Lebzeiten gemalt worden war.

Dieses Zusammentreffen scheint wirklich in der Vorsehung Gottes gelegen zu haben, die dafür sorgte, daß dieses Bild der Gottesmutter allen Menschen unserer Zeit als ein wissenschaftlich nachgewiesenes übernatürliches Phänomen vor Augen geführt wird.

Das Ölbild stimmt genau mit dem Juan Diego in der Pupille der Gottesmutter überein.

Die mexikanischen Indios haben dieses ergreifende Wunder als außerordentliches Zeichen vom Himmel verstanden und ernst genommen.

Sie haben die Zeichen der Liebe ehrfürchtig aufgegriffen

und mit inniger Gegenliebe erwidert. Innerhalb von sieben Jahren haben sich neun Millionen Indios von ihren Götzendiensten, die mit grausamen Menschenopfern verbunden waren, zum Christentum bekehrt.

Sie haben die Zeichen der Zeit nicht überhört, die zu keinem anderen Zwecke vom Himmel herabgesandt werden als zum Heile der Menschen. Welch ein Vorbild stellen sie für die Menschen des 20. Jahrhunderts dar, denen die Gnade so vieler außerordentlicher Zeichen zuteil wurde, die sie aber wenig ehrfürchtig aufnahmen und zum großen Teil allzu kalt abwiesen. Sie bedenken nicht, daß sie, wie sie selbst sagt, „das Zeichen des lebendigen Gottes" ist.

Um Gottes willen verdienen dieses Zeichen und seine Botschaft Beachtung und Wertschätzung.

Sie als unverbindlich zu erklären, weil sie kein Dogma sind, kann man das vor seinem Gewissen verantworten?

Kann denn wirklich etwas nebensächlich sein, was Gott auf außerordentlichem Wege den Menschen zu sagen hat?

Wie ist es mit wahrer Demut zu vereinbaren, an Gottes Maßnahmen herumzukritisieren?

Verdient es denn nicht unsere volle Aufmerksamkeit, wann und wo immer er mit einer Botschaft an uns herantritt?

Hat Gott denn nicht mit jeder Botschaft etwas sehr Wichtiges zu sagen, und ist nicht eine jede von einem tiefen, guten Sinn erfüllt?

Liegt z.B. nicht ein sehr tiefer Sinn auf der Hand, wenn Gott die Therese Neumann in Konnersreuth 35 Jahre hindurch, von 1927 bis 1962, ohne jegliche Speise und jeglichen Trank leben ließ? Wie war es zu erklären, daß sie ganz allein von der heiligen Kommunion lebte? Ist das nicht vor aller Welt der öffentliche Hinweis auf die Worte Jesu: „Mein Fleisch ist wahrhaft eine Speise, und mein Blut ist wahrhaft ein Trank?" Und auf Jesu Worte: „Kommet zu mir alle, die ihr mühselig und beladen seid! Ich will euch erquicken."

Und will Christus in Konnersreuth nicht wohl auch ganz

deutlich an die Gewissen der Gläubigen pochen, auf daß sie dem heiligen Sakrament des Altares mehr Achtung und Ehrfurcht entgegenbringen?

Müßte nicht alles andere verblassen vor der Wohnung und Gegenwart Gottes, dem wahren Mittelpunkt der Welt?

Aber an die erste Stelle der Werteskala werden gesetzt:

Autos, Fernseher, Kühlschränke, Sport, Schmuck, Parties, Videos, Genüsse, Touristik, an die letzte Stelle: Gott, Kirche, Glaube, Seele, Ewigkeit.

Wie wenig wird heute von Geistlichen und Seelsorgern gegengesteuert! Die meisten unter ihnen schwimmen ziemlich kraftlos im Strom der gegenwärtigen weltlichen Tendenzen mit! Der nutzbringenden Seelsorgseffekte, die ihnen Marienerscheinungen und andere religiöse Phänomene bieten, bedienen sie sich nicht. So sehr sie in dieser Hinsicht zur kritischen Prüfung gehalten und berechtigt sind, so dürfen sie diese aber nicht zu lange hinauszögern, weil sie sonst die Marienerscheinungen u.a. um ihre guten Früchte bringen. Markantestes Beispiel ist und bleibt „Fatima". Die guten Früchte wurden hier so gut wie total verspielt.

Wäre das nicht der Fall gewesen, so hätte es keinen Zweiten Weltkrieg, keine Überflutung der Welt mit Kommunismus und Atheismus und nicht den heute vorherrschenden religiösen und moralischen Tiefstand gegeben.

So sähe es heute auch anders aus in den kirchlichen Verhältnissen. Wie an anderer Stelle erwähnt, sind Weltverhältnisse und innerkirchliche Verhältnisse stets miteinander verkoppelt.

Die Weltverhältnisse können nur gut sein, Untergang kann es nur nicht geben, wenn die kirchlichen Gemeinden gesunde, ordentliche Verhältnisse aufweisen.

Umgekehrt: Wenn die kirchlichen Verhältnisse sind, wie sie jetzt sind, dann muß man Schlimmes befürchten:

Die Kirchen sind leer wie nie zuvor, nur ganz wenige Gläubige „halten" den Sonntag, die Beichte ist so gut wie abgeschafft, die Kommunionbänke sind weggeräumt, kein

Mensch ehrt Gott mehr beim Kommunionempfang durch eine Kniebeuge, zu gewissen Gelegenheiten, z.B. Weihnachten, strömen viele, die ansonsten nicht mehr in die Kirche und heilige Messe gehen, zur Kommunion ohne Beichte und Vorbereitung, im Zustand schwerer Sünde. Denn diejenigen, die den Sonntag nicht heiligen, sind schwerer befleckt als durch eine läßliche Sünde. Ob sie es bedenken oder nicht: sie begehen einen Gottesraub. Wie ernst das zu nehmen ist, sagt Jesus mit den Worten: „Wer mein Fleisch unwürdig ißt und mein Blut unwürdig trinkt, der ißt und trinkt sich das Gericht!"

Schreckliche Dinge, die in unseren Kirchen passieren, die laut zum Himmel schreien. Doch wer nimmt davon wirklich Notiz? Wo hört man je einen Priester über diese Zustände klagen, wenn nicht gar weinen? Fast alle passen sie sich an. Wer wagt, solch heiße Eisen anzurühren?

Und wenn man noch einschließt, wie viele Priester nicht mehr zu ihrem Zölibat, auf schwankendem Boden, stehen, die „Fahnenflucht" im Herzen, weil sie selbst den Modernitäten und dem Geist der Zeit erlegen sind, dann kann man nur befürchten: die bevorstehende Apokalypse hat ihre Vorarbeit so gut wie beendet.

Maria, die Mutter Jesu Christi und offiziell auch von Papst Paul VI. zur „Mutter der Kirche" erklärt, wendet sich in ihren vielen Botschaften selbstverständlich in der Hauptsache an die Kirche ihres Sohnes. Sie kann die Rettung der Menschheit nur von hierher, von innen her, „aufrollen".

Sie zieht gegen den falschen Geist, der ins Verderben führt, zu Felde. Sie setzt ihm den Geist Christi entgegen. Das tut sie konkret in Amsterdam, wo sie das Gebet lehrt: „Herr Jesus Christus, Sohn des Vaters, sende deinen Geist jetzt über die Erde. Laß den Heiligen Geist wohnen in den Herzen aller Völker, damit sie bewahrt bleiben mögen vor Verfall, Unheil und Krieg! Möge die Frau aller Völker, die einst Maria war, unsere Fürsprecherin sein! Amen."

Dieses Gebet ist über die ganze Erde verbreitet. Doch wer

kennt es z.B. hier in Deutschland? Es ist ein echtes Volksgebet. Denn es ist sehr einfach und leicht zu erfassen und zu erlernen.

Warum nur wird hier so wenig für die Verbreitung dieses so bedeutenden Gebetes getan? Es könnte doch so viele gute Früchte tragen.

Man kann den Fanatismus gegen Marienbotschaften, der oft groteske Formen annimmt, nicht verstehen.

Es ist vorgekommen, daß Bischöfe ehrbare Gläubige, die durchaus auf dem Boden traditioneller Marienverehrung zu Marienerscheinungsorten wallfahrteten, mit Exkommunikation bestraften.

Allerdings hat sich „der Himmel" auch nicht immer alle bösartigen Angriffe und Verleumdungen gegen echte Erscheinungen gefallen lassen. Denn es gibt eine ganze Reihe von Beispielen dafür, daß maßlose Gegner von Marienbotschaften in einer spektakulären Weise zu Tode kamen oder einem Unglück zum Opfer fielen (Eisenberg, Garabandal...).

In unserer Zeit, da „die Weltgeschichte an einem Punkt angelangt ist, an dem zur Entscheidung steht, ob das Menschengeschlecht weiterexistieren und es künftig noch Geschichte auf der Erde geben wird" (Heinz Zahrnt), da die Notlage auf das Höchste gestiegen ist, muß man da nicht verstehen, daß es die Jenseitigen, allen voran die Gottesmutter, drängt, uns zur Hilfe zu „erscheinen"?

Ist es denn nicht fantastisch, daß wir es in ihnen mit einer Instanz zu tun haben, die normalerweise einer uns nicht zugänglichen „Wellenlänge" angehört? Wäre das nicht ein Grund, darauf enthusiastisch zu reagieren?

Warum reizt das eigentlich Forscher und Wissenschaftler nicht?

Marienbotschaften, die an die Öffentlichkeit gerichtet sind, kann man nicht als Privatoffenbarungen oder Privatsache abtun. Sie sind mehr als das, sie sind Prophetien.

Das gilt für alle genannten Marienbotschaften dieses Jahrhunderts und sicherlich auch für Lourdes und La Salette (1846).

„Prophetische Visionen sind solche, die den Visionär veranlassen oder beauftragen, sich mit einer Botschaft belehrend, warnend, fordernd, die Zukunft voraussagend an seine Umwelt, letztlich an die Kirche zu wenden." (Karl Rahner)

„Wie die Kirche immer apostolisch ist, so ist sie immer auch prophetisch. Der Geist der Prophetie wirkt auf mannigfaltige Weise. Er wirkt auch in den Empfängern von Marienbotschaften. Die Bedeutung solcher marianischen Prophetie für den Weg der Kirche und für das Leben der Christen bemißt sich nach dem Inhalt der Botschaften." (Dirk Grothues)

Die Bedeutung aller großen und bekannten Prophetien, etwa die von La Salette, Lourdes, Fatima, Amsterdam, Marienfried, Heroldsbach, Garabandal, Medjugorje, ist außerordentlich. Die Anhäufung derselben in den letzten 150 Jahren gibt uns einen Hinweis darauf, daß sich in dieser Zeit die Weltlage immer mehr zuspitzt und dramatisiert. Dieses wiederum ist die Folge der Gottabgewandtheit, der Sündhaftigkeit und der Laster, des Materialismus und des Kommunismus.

Eine Welt in Sünde und ohne Gott muß in den Untergang führen. Das geht nicht anders. Sie ist die Ursache für die atomare Bedrohung.

Ohne ein „weg-von-der-Sünde, -hin-zu-Gott" ist ein Holocaust unausweichlich. Deshalb sind all die marianischen Prophetien nichts anderes als ein Hinführen zu Gott, zu Gebet, Sühne und Fasten (letzteres besonders empfohlen in Medjugorje).

Die Wichtigkeit dieser Prophetien wird durch viele großartige Wunder unterstrichen.

Man kann sehr wohl erkennen, daß hinter den Botschaften ein uns haushoch überlegener Urheber steht.

Bereits im Jahre 1846 wurden in La Salette die Menschen mit der sich anbahnenden gefährlichen Entwicklung, wie wir sie heute erleben, konfrontiert.

Melanie, die Hauptseherin von La Salette, legt im Jahre 1878 die empfangene Botschaft schriftlich nieder. Aus dieser Niederschrift mögen hier einige Zitate den furchterregenden Inhalt dieser Botschaft wiedergeben:

„Die Erde wird mit allen möglichen Plagen geschlagen werden. Kriege werden auf Kriege folgen, bis zum letzten, der dann durch die Zehn Könige des Antichrist geführt wird.“ (Die Aussagen sind Worte der Gottesmutter).

„Glücklich preise ich die demütigen, durch den Heiligen Geist geleiteten Seelen. Mit ihnen werde ich kämpfen bis zur Erfüllung der Zeit. Die Natur schreit nach Rache gegen den Menschen, und sie erschauert vor Entsetzen in Erwartung dessen, was der durch Verbrechen verunreinigten Erde widerfahren muß.
Erzittere Erde, erzittert, ihr, die ihr ein Gelübde abgelegt habt, Jesus Christus zu dienen, im Inneren aber euch selbst anbetet; erzittert, denn Gott wird euch seinem Feinde ausliefern, weil die heiligen Stätten der Verderbnis preisgegeben sind. Viele Klöster sind keine Häuser Gottes mehr, sondern die Weideplätze Asmodis, des Dämons der Unreinheit.“

„Die Folge der Jahreszeiten wird in Unordnung geraten, und die Erde wird nur mehr schlechte Früchte hervorbringen, und die Sterne werden nicht mehr regelmäßig ihre Bahn ziehen. Der Mond wird nur mehr ein schwaches, rötliches Licht widerspiegeln, Wasser und Feuer werden sich auf dem Erdball in krampfhaften Zuckungen bewegen, und furchtbare Erdbeben werden Gebirge und Städte versinken lassen.“

„Gott wird auf seine getreuen Diener und die Menschen guten Willens achten. Das Evangelium wird überall gepredigt werden. Und alle Völker und Nationen werden von der Wahrheit Kenntnis haben.

Ich richte an die Erde einen dringenden Appell; ich rufe die wahren Jünger des lebendigen Gottes auf, der da herrscht in den Himmeln. Ich rufe die wahren Nachfolger des menschgewordenen Christus auf, des einzigen und wahrhaftigen Erlösers der Menschheit; ich rufe meine Kinder, meine wahrhaft frommen, die sich mir ergeben haben, damit ich sie zu meinem göttlichen Sohn führe. Ich rufe jene, die ich gleichsam mit meinen Armen trage, jene, die in meinem Geiste leben.

Schließlich rufe ich die Apostel der Endzeit, die treuen Jünger Jesu Christi, die in Geringschätzung der Welt und ihrer selbst leben, in Armut und Demut, in der Verachtung und im Schweigen, im Gebet und in der Kasteiung; in der Keuschheit und in der Vereinigung mit Gott, im Leiden und unerkannt von der Welt.

Es ist Zeit, daß sie sich zu erkennen geben und Licht auf der Erde verbreiten.

Kommet her und erweist euch als meine geliebten Kinder! Ich bin mit euch und in euch, sofern der Glaube euer Licht ist, das euch erleuchtet in diesen Schreckenstagen.

Ihr sollt wie ausgehungert sein vor Eifer, Jesus Christus zu verherrlichen. Kämpft, ihr Kinder des Lichtes, ihr kleine Schar, die ihr das alles seht und erkennt, denn nun ist die Zeit der Zeiten, das Ende der Endzeit herangekommen."

„Wehe den Bewohnern der Erde! Es wird blutige Kriege und Hungersnöte geben, Seuchen und ansteckende Krankheiten; wie ein schreckliches Hagelwetter wird es Tiere niederregnen; Donnerschläge werden die Städte erzittern lassen, und Erdbeben werden ganze Länder unter sich begraben. Wer wird überleben, wenn Gott die Zeit der Prüfungen nicht abkürzt? Durch das Blut, die Tränen und die Gebete der Gerechten wird Gott sich erweichen lassen."

An anderer Stelle sagt die Mutter des Herrn:
„Wenn sie sich bekehren, werden sich die Steine und die Felsen in Getreide verwandeln, und die Kartoffeln werden in die Erde eingepflanzt sein."

Gegen Schluß ihrer Niederschrift vermerkt Melanie:

„Die Heilige Jungfrau weinte beinahe ununterbrochen, während sie mit mir sprach. Ihre Tränen fielen eine nach der anderen langsam herunter, bis zu ihren Knien, und dann verschwanden sie wie Lichtfunken. Sie waren leuchtend und von Licht getränkt. Ich hätte sie gern getröstet, damit sie nicht mehr weine. Aber es schien mir, daß sie ihre Tränen zeigen mußte, um ihre von den Menschen vergessene Liebe besser zu beweisen. Ich hätte mich in ihre Arme werfen wollen, um ihr zu sagen: ‚Meine gute Mutter, weine nicht! Ich möchte dich für alle Menschen der Erde lieben.' Aber es schien mir, als ob sie zu mir sagte: ‚Es gibt so viele, die mich nicht kennen!'

Ich schwebte zwischen Leben und Tod, da ich auf der einen Seite so viel Liebe sah, so viel Sehnsucht, geliebt zu werden, und auf der anderen Seite so viel Kälte und Gleichgültigkeit. Oh, meine Mutter, meine schöne und gute Mutter, meine Liebe, Herz meines Herzens!

Die Tränen unserer zärtlichen Mutter, weit davon entfernt, ihre Würde einer Königin und Herrin zu vermindern, schienen sie im Gegenteil noch schöner, mächtiger, liebevoller, mütterlicher, noch entzückender zu machen, und am liebsten hätte ich ihre Tränen, die mein Herz vor Mitleid und Liebe springen ließen, abgefangen.

Eine Mutter weinen sehen, und eine solche Mutter dazu, ohne alle vorstellbaren Mittel und Wege zu finden, sie zu trösten, ihre Schmerzen in Freude zu verwandeln, kann man das verstehen?

Oh, meine überaus gute Mutter, du bist mit allen Vorzügen ausgestattet worden, deren Gott fähig ist; du hast die Allmacht Gottes wie erschöpft; du bist gut, und darüberhinaus strahlst du Gottes Güte aus. Gott hat sich selbst übertroffen, als er dich als sein irdisches und himmlisches Meisterwerk schuf.

Die Allerheiligste Jungfrau trug eine gelbe Schürze. Was sage ich? Gelb? Sie trug eine Schürze mit der Leuchtkraft mehrerer Sonnen zusammengenommen. Das war kein materieller Stoff, es war eine Vielfalt von Herrlichkeiten, und diese funkelten in großer Schönheit. Alles an der Heiligen

Jungfrau trug stark dazu bei, ja riß mich geradezu hin zur Anbetung und Liebe meines Jesus in allen Stadien seines irdischen Lebens.

Die Stimme der schönen Frau war sanft; sie bezauberte, entzückte und tat dem Herzen wohl; sie beruhigte, befriedigte und besänftigte.

Die Augen der Allerseligsten Jungfrau, unserer zärtlichen Mutter, lassen sich von einer menschlichen Zunge nicht beschreiben. Um von ihnen zu sprechen, wäre ein Seraph nötig, ja mehr, es bedürfte der Ausdrucksweise Gottes selbst, jenes Gottes, der die Unbefleckte Jungfrau, das Meisterwerk seiner Allmacht, geschaffen hat.

Die Augen Mariens erschienen tausend- und tausendmal schöner als die gesuchtesten Brillanten, Diamanten und sonstigen Edelsteine. Sie leuchteten wie zwei Sonnen, sie waren sanft, die Wärme selbst, klar wie ein Spiegel. In diesen Augen sah man das Paradies. Man wurde von ihnen zu ihr gezogen, man hatte den Eindruck, sie wolle sich verschenken und an sich ziehen. Je länger ich sie ansah, umso mehr wollte ich sie sehen; je mehr ich sie anblickte, desto mehr liebte ich sie mit allen meinen Kräften. Allein der Anblick dieser Augen würde genügt haben, der Himmel eines Seligen zu sein; hätte ausgereicht, eine Seele in die Fülle der Absichten des Allerhöchsten hinsichtlich der Ereignisse, die im Laufe des sterblichen Lebens vorkommen, einzuweihen; hätte genügt, diese Seele zu ständigen Handlungen des Lobes, des Dankes, der Wiedergutmachung und der Sühne zu veranlassen.

Allein dieser Anblick konzentriert die Seele auf Gott und macht aus ihr eine lebende Tote, die alle Dinge der Erde, und scheinen sie die ernsthaftesten zu sein, nur als Spiele von Kindern betrachtet. Sie möchte nur mehr von Gott sprechen hören und von dem, was sich auf seine Herrlichkeit bezieht. Die Sünde ist das einzige Übel, das sie auf Erden sieht. Sie würde aus Schmerz darüber sterben, wenn Gott sie nicht am Leben erhielte. Amen.

Maria vom Kreuze,
Opfer Jesu,
geborene Melanie CALVAT;
Hirtin von La Salette,
Castellamare, 21. November 1878."

Das sind wahrhaft ernste Dinge. Aber wie lieblich und wunderbar beschreibt sie die Krönung durch dieses Meisterwerk der göttlichen Schöpfung, die Königin des Himmels, die gütige Mutter Maria!

Nur unter tausend Tränen bringt diese es über sich, der Welt eine so ernste Botschaft zu verkünden. Und viele klagen Gott an: „Wie kann der Herr uns so Grausames androhen! Wie unbarmherzig ist er doch!"

Doch wer hat ein Recht, Gott anzuklagen? Ist Gott denn nicht der Vollkommene, d i e Liebe, d i e Barmherzigkeit?

Wenn schon wegen der bedrohlichen Zukunft eine Anklage zu erheben ist, dann gilt sie dem wahren Verursacher dieser Zukunft, dem Menschen. Jeder einzelne ist in dem Umfange für die eventuellen Schrecknisse der Zukunft mitverantwortlich, wie er ehrlicherweise folgende Fragen zu beantworten hat:

Hast Du Dich getreu Deinem Glauben an die Gebote Gottes und der Kirche gehalten?

Hieltest Du zur Freude und Ehre Gottes den Sonntag heilig und ihn frei von allen materiellen Verpflichtungen und Beschäftigungen, oder hast Du ihn verschlafen und ausschließlich irdischen Genüssen vorbehalten?

Wie hieltest Du es mit Deiner ehelichen Treue? Erlaubtest Du Dir unbedenklich „Seitensprünge"?

Wie verantwortlich verhieltest Du Dich in punkto Familienplanung? Hast Du unverantwortliche Empfängnisverhütung betrieben?

Warst Du auch der Meinung, daß voreheliche Enthaltsamkeit eine altmodische, unzumutbare Repression verkalkter Gesellschaftsstrukturen und kirchlicher Prüderie und Heuchelei genannt zu werden verdient?

Hast Du einer extrakorporalen Befruchtung zugestimmt, und zwar unter Inkaufnahme der tödlichen Vernichtung überzähliger Embryonen?

Stimmst Du der sexuellen Frühaufklärung in Kindergarten und Schule zu?

Hast Du abgetrieben oder Abtreibung befürwortet?

Hast Du Dich ohne Rücksicht auf Verführung und Moral jedem Diktat der Mode gebeugt?

Wie hast Du es im Hinblick auf den Fernsehkonsum Deiner Kinder mit Deiner erzieherischen Verantwortung gehalten?

Kennst Du ihre Kassetten, ihre Videos, ihren Lesestoff?

Bist Du Dir darüber im klaren, wieviel Schmutz und Schund heute im Umlauf sind und wieviel Verführung von sogenannten modernen Erzeugnissen, von Rockmusik und Rockidolen ausgeht? Was konsumierst Du selber an solchen Dingen?

Kannst Du Dir etwas entsagen und maßhalten?

Wie sieht Dein Beispiel im Verzehr von Tabak, Alkohol oder Drogen aus?

Kannst Du als Autofahrer Dein Fahrverhalten verantworten? Oder fährst Du gelegentlich mit hohem Promillegehalt auf verkehrsreichen Straßen?

Stellst Du Deinen Motor ab, wo Du warten mußt, und nimmst Du Rücksicht auf Deine Umwelt?

Verpestest Du Tag für Tag die Luft in Deiner Nachbarschaft, weil Du unbedingt Deinen Kamin anheizen willst und Dir Deine Gemütlichkeit höher steht als die Rücksicht auf Nachbarn?

Lebst Du als rücksichtsloser Egoist dem Wohlstand, Luxus und Genuß, ohne an die Hungernden und Notleidenden, die Kranken und Aussätzigen zu denken?

Setzt Du Dich für allgemeine Interessen politisch oder karitativ ein?

Kann man sich auf Deine Ehrlichkeit und Wahrhaftigkeit verlassen, oder bist Du fähig, Deinen Geschäftspartner, natürlich ohne daß er es merkt, über's Ohr zu hauen oder Deine Versicherung zu betrügen? Hast Du öfter um Deines Vorteiles willen ein unehrliches Spiel getrieben und fünf gerade sein lassen?

Hast Du Dich für die Reinhaltung von Luft, Gewässern und Moral eingesetzt?

Welche Partei hast Du gewählt, welche Meinung hast Du vertreten? Sinnst Du gegen irgend jemanden auf Rache?

Liebst Du Deine Feinde? Hast Du allen Deinen Schuldigern ohne Vorbehalte vergeben?

Setzt Du alles daran, die Sünde zu meiden, weil sie die einzige Ursache für die katastrophale Lage und die Bedrohung der Menschheit ist?

Hast Du bedacht, daß Du zu Deiner Vervollkommnung an jedem Tage gute Anregungen und eine religiöse Tagesordnung brauchst?

Einen Weltfrieden kann es nie geben, wenn die Mehrheit der Menschen keine befriedigende Antwort auf diese Fragen geben kann.

Dieses muß doch klar sein: Wenn auf der Welt jährlich so viele unschuldige Seelen im Mutterleib getötet werden wie der ganze Zweite Weltkrieg an Menschenleben gefordert hat, dann kann das keinen Segen für die Menschheit bringen.

Allein dieser Punkt ist ein Beleg für eine durch und durch heruntergekommene Menschheit, die keinen Frieden verdient, wohl aber den Zorn Gottes.

Der Dritte Weltkrieg, wenn er eintritt, wird ein Eigenfabrikat der Menschen dieser Zeit sein.

Sie haben es wirklich danach getrieben, daß wir nicht mehr sehr hoffnungsfroh in die Zukunft schauen können.

Wir müssen uns ernsthaft fragen, ob die in La Salette gesprochenen Worte „Beim ersten Hieb Seines zornblitzenden Schwertes werden die Berge und die Natur vor Entsetzen erbeben" nicht auf die in Garabandal verkündete große Warnung gemünzt ist.

Nach der Beschreibung der Seher wird diese Warnung welterschütternd und unvorstellbar schrecklich sein.

Sie wird überall in der Welt und von allen wahrgenommen werden. Sie ist für die Besserung bestimmt, wird die Guten Gott näher bringen, nur sehr kurz und wie die Offenbarung unserer Sünden sein, deren Häßlichkeit wir erkennen werden. Sie soll so fürchterlich sein, daß man die Toten beneide, die sie nicht mehr erleben müssen.

Obwohl sie selbst den Tod nicht verursache, würden doch viele vor Aufregung und Furcht sterben.

Diese Warnung stelle eine außerordentliche Offenbarung der Liebe Gottes dar. Sie habe positiven Charakter.

Gleichfalls eine aufsehenerregende Offenbarung der Liebe Gottes würde ein großes Wunder sein, welches der Warnung in weniger als einem Jahre folgen werde.

Es würde ungleich größer sein als das Sonnenwunder von Fatima und (nach Conchita) „den Notwendigkeiten der Welt entsprechen".

Die Warnung solle eine innere Vorbereitung auf das Wunder sein. Aufgrund dieser weltbewegenden Ereignisse werde Rußland beginnen, sich zu bekehren.

Große Dinge stehen der Menschheit bevor, einzigartig in ihrer Geschichte.

Wenn es stimmt, was Conchita (das ist die dominierende, sehr intelligente Seherin von Garabandal) vorhergesagt hat, daß nämlich dann die Warnung kurz bevorstehe, wenn es den Priestern wieder erlaubt sein würde, in Garabandal eine heilige Messe zu feiern, dann steht jetzt die Warnung kurz bevor.

Denn seit kurzem hat der zuständige Bischof sein jahrelang gültiges Verbot aufgehoben.

Niemand kennt den Tag genau, aber es kann heute, es kann morgen sein, daß die Menschheit die unendliche Größe und Macht Gottes zur Kenntnis zu nehmen hat.

Die Warnung wird ein Urteil Gottes über die Menschheit sein und seine Stellungnahme zu den Verhältnissen auf unserer Welt zu dieser Zeit.

Wir sind nicht besser als die Generation von Sodoma und Gomorrha, wenn nicht verdorbener.

Es ist, wie es von Anbeginn der Menschheitsgeschichte war: Was wir säen, das werden wir ernten!

Die Ernte der Menschheit, die wir einzufahren uns anschicken, hätte besser ausfallen können, sie brauchte nicht zu einer Apokalypse auszuufern. Die Menschen dieser Zeit befanden und befinden sich doch in der glücklichen Lage, von kompetenten Beratern für die Saat einer glücklichen Zukunft an die Hand genommen zu werden.

Die Menschen dieses Jahrhunderts wurden zu jeder Zeit von diesen Beratern begleitet. Sie hatten sie nötig. Darum ist dieses Jahrhundert ein Jahrhundert der Marienbotschaften. Doch natürlich können sie ihre Frucht nicht ansetzen, wenn wir uns ihnen nicht verpflichtet fühlen, sie als absolut bedeutungslos einstufen und wenn wir nicht wahrhaben wollen, daß sie ein sicherer Leitfaden für eine Strategie des Friedens sind.

Marienbotschaften sind Marksteine in der Menschheitsgeschichte.

Denn wo immer „der Himmel" in unsere Geschichte eingreift, da sind uns unendlich überlegene Kräfte und Autoritäten am Werk.

Wer das nicht begreift und zugesteht, der ist in höchster Potenz unrealistisch.

Realistisch können nur sein, die in Realitäten auch Realitäten sehen.

Die ganzen Marienbotschaftsfeindlichkeiten beruhen auf Fehlvorstellungen, auf Unsachlichkeit und Unwissenschaftlichkeit.

Nur die nicht gründlich Informierten lassen sich von einer Anerkennung und Befolgung der Botschaften abhalten und sich in ihrer Einschätzung beirren.

Wer vollgültig über sie informiert ist, der weiß, daß Marienbotschaften Gottesbotschaften sind. Darum wird er sich für sie ganz besonders einsetzen, wissend, „daß es für den Menschen gegen Gott kein Gedeihen und mit Gott kein Verderben gibt“ (Hermann Volk).

Dieses ist der Kernpunkt aller Überlegungen darüber, was von Marienbotschaften zu halten ist.

Wer sich ihnen anvertraut, vertraut sich Gott an, der doch selbst die unendlich große Liebe ist, und der in jedem Augenblick auf das Wohl des Einzelnen und der ganzen Menschheit sinnt.

Die Entscheidungen darüber, was aus dem einzelnen oder aus der Menschheit wird, das überläßt Gott jedoch den Menschen selber. Denn den freien Willen des Menschen tastet der Allmächtige nicht an.

Das erlangte oder nicht erlangte Heil, die segensreiche oder segensarme Zukunft des Menschen liegt in der Freiheit des menschlichen Willens.

Gottes Liebe zu den Menschen löst nicht automatisch eine gute innere und äußere Entwicklung aus. Dazu gehört die Gegenliebe, die gottgebundene Gesinnung.

Gott weiß natürlich um die gottferne Gesinnung großer Teile der Menschheit und worauf dessentwegen die Menschheit zusteuert.

Trotzdem und gerade deswegen hat er in aller Langmut und immer wieder seine wunderbare Mutter, die hehre Königin des Himmels, als Vermittlerin auf diese unsere Erde gesandt.

Es bedarf keines Zweifels, daß diese mächtige Frau, die Frau aller Völker, die ihr anvertraute Mission in für alle Menschen überzeugender Deutlichkeit und Verständlichkeit ausgeführt hat.

Wer die Marienbotschaften verstehen will, der kann sie auch verstehen.

Jede der Botschaften ist auf beachtenswerte theologische Aussagen gerichtet.

Man sollte sie alle kennen und studieren, denn von ihnen geht ein großer Reichtum an wertvollen Erkenntnissen aus.

Wir sollten uns der Tatsache immer mehr bewußt werden, daß alle Himmelsbürger überaus erleuchtete Kapazitäten sind, die uns um vieles voraus sind und uns eine Menge zu sagen haben. Offenbarungen sind immer tiefgründig.

Als religiöser Mensch verpaßt man außerordentlich viel, wenn man sich mit Marienbotschaften nicht näher befaßt.

Sie sind ein guter Wegweiser auf unser ewiges Ziel und den Frieden der Welt hin, höchst informierend, höchst anregend, höchst nützlich, höchst hilfreich, höchst notwendig:

EINE RIESENCHANCE!

Sorge um alle im gleichen Boot

Wenn, wie man sagt, alle Menschen in dem gleichen Boot sitzen, also sie alle miteinander vom gleichen Schicksal bedroht sind, so muß man erwarten, daß sich eine gute Mutter um alle kümmert, die in dem gleichen Boot sitzen.

Weltweite Marienerscheinungen sind notwendig, wenn die Liebe der Gottesmutter alle Menschen umschließt, wenn sie die „Frau aller Völker" ist.

Wen wundert es also, daß dieses den Tatsachen entspricht? Marienerscheinungen, wenn sie zeitbezogen überhaupt vorkommen, müssen auf der ganzen Welt vorkommen. Das ist das Gesetz und die Logik der Liebe. Maria sind alle Völker ans Herz gewachsen, sie macht da keine Unterschiede. Ihr Sinnen erstreckt sich über große Dimensionen.

So nimmt es nicht Wunder, daß sie sich in Heede, im Emsland (1937 - 1940), sogar als „Königin des Weltalls" und „Königin der Armen Seelen" vorstellt und verehrt wissen will.

Daß sie sich in jenen Jahren als „Königin des Weltalls" bezeichnet, das war sicherlich zunächst nicht wenig frappierend, aber wenige Jahre später konnte man das schon besser verstehen. Da hatte das Zeitalter der Weltraumfahrt begonnen, und da setzten die Amerikaner zur Landung auf dem Mond an.

Was die Entwicklung auf der Erde anbelangt, da zeigte und bewies die Gottesmutter, daß sie absolut „up to date“ ist.

Mit dem Titel einer „Königin des Weltalls“ wird sie nichts anderes ausgedrückt haben wollen, als daß sie in den unendlichen Räumen des Universums eine Souveränin ist, der keine Schranke gesetzt ist, wie etwa den Menschen, die doch zu wirklich weiten Vorstößen in das Universum niemals fähig sein werden.

Ihr ist keine astronomische Entfernung ein Problem. Sie ist in der Tat auch in dieser Beziehung eine wirkliche Königin.

Was ist in den Augen des Himmels schon die Weltraumfahrt?

Denken wir nur an das Challenger-Unglück und an die verglühten Astronauten!

Maria, die Mutter des Schöpfers, ist auch die Mutter der gesamten Schöpfung, des Mikrokosmos und des Makrokosmos.

Es wäre gut, wenn wir unseren Stolz über unsere technischen Errungenschaften in Schranken halten, und besser, wenn wir die Dimensionen der himmlischen Wirklichkeiten sachlicher und ehrlicher einkalkulieren, wenn wir die Hilfe des Himmels anrufen und die Hilfsangebote der Himmelskönigin annehmen würden.

Dann könnten wir in unserem untergangsbedrohten Boot besser dran sein.

Aus allen Punkten, die die Gottesmutter an den Erscheinungsorten zur Sprache bringt, ist zu lernen. Sie tut und sagt nichts „von ungefähr“. Indem sie sich als „Königin der Armen Seelen“ vorstellt, macht sie vor aller Welt auf eine gewaltige Gemeinschaft von Schwestern und Brüdern aufmerksam, die sich am Läuterungsort befinden. Man darf annehmen, daß ihre Zahl weit größer ist als die Zahl der noch-lebenden Menschen. Es sind also Milliarden von Menschen, die, weil sie unseren Blicken entschwunden sind, von den allermeisten vergessen sind und als gar nicht existent behandelt werden.

Auf diesen, für die „Armen Seelen" so bedauernswerten Mißstand weist die „Königin der Armen Seelen" hin, um die Lebenden aufzurütteln und ihnen ins Gewissen zu reden. Jeder ist nach dem Gesetz der Liebe verpflichtet, ihnen zu helfen, die für sich selbst nichts tun können und völlig auf fremde Hilfe angewiesen sind. Wohl können sie anderen, z.B. ihren Wohltätern, wirksame Hilfe erweisen. Wer Kummer und Sorgen hat, der soll getrost zu den „Armen Seelen" beten und ihre Hilfe erflehen. Leider sind die meisten Menschen mit dieser „Materie" absolut nicht vertraut. Ihr Blick geht über das Diesseits nicht hinaus, und zwar aus purem Egoismus. Sie werden allerdings „die Rechnung ohne den Wirt gemacht haben", denn es kommt auch für sie der Zeitpunkt, wo sie selbst für ihre Ungerechtigkeit und Lieblosigkeit „büßen" werden. Diese Reihenfolge ist nicht zu umgehen, sie liegt im Plane Gottes. So gleichgültig es den allermeisten im Leben auch sein mag, was nach dem Tode kommt, sie werden der harten Tatsache ihres eigenen Todes und Gerichtes nicht entgehen.

Das Urteil wird für einen jeden unumstößlich sein: Himmel oder Hölle! Eine andere Alternative gibt es nicht. Denn die Läuterung bedeutet ja auch: Himmel! — aber erst nach einer ganz individuell bemessenen Zeit qualvoller Sehnsucht und Sühne. Sie ist ein notwendiger Akt göttlicher Gerechtigkeit. Doch auch während dieser, von uns nicht auszudenkenden, existentiellen Periode ist Maria als Trösterin zur Stelle. Sie ist eine universale Mutter: Mutter der streitenden, der leidenden („Fegfeuer") und der triumphierenden Kirche.

Mit dem öffentlich proklamierten Titel einer „Königin der Armen Seelen" drückt sie, an die Adresse der Lebenden gerichtet, dieses aus: „Ihr lieben Kinder auf der Erde, lebt nicht so, als gäbe es nur dieses irdische Schicksal!" Wäre das der Fall, so würde Gott nicht gerecht sein können. Zur Gerechtigkeit Gottes gehört die Sühne, „das Fegfeuer". Der Liebe und Barmherzigkeit Gottes entspricht der Himmel.

Dieser wird tausendmal alle Erwartungen übertreffen, denn „kein Auge hat je gesehen, kein Ohr hat je gehört, was Gott denen bereitet hat, die ihn lieben".

In allen Botschaften Mariens wird der Mensch dazu ermutigt, „den guten Kampf zu kämpfen". Es lohnt sich, Leid, Verfolgung, Hunger, Armut, Not und Unrecht im rechten Geiste zu erdulden. „Euer Lohn wird groß sein im Himmel!" Nicht mit der leisesten Emotion werdet ihr an euer Erdenleid zurückdenken.

Wir werden den Weg dorthin nicht verpassen, wenn wir die Hand Mariens ergreifen, uns ihrer Führung anvertrauen. Sie wird uns zu erkennen geben, wie wir unseren Lebensweg zu gestalten haben, und worin z.B. unser Beitrag zur Verbesserung der Weltlage besteht. Denn kein Problem der Welt verurteilt uns zur völligen Tatenlosigkeit. Wir können zahlreiche Initiativen ergreifen. So ohne weiteres sind wir vor unserem Gewissen nicht frei, die „Hände in den Schoß zu legen". Die Mitverantwortung für andere, für viele andere, sie zählt zur Würde und Verpflichtung unseres Menschseins.

Wir müssen in die Ruder greifen, wenn das Boot von hohen Wellen gepackt wird und zu sinken droht.

Zupacken ist das Gebot der Stunde. Die Müdigkeit der Guten trägt zum Untergang bei.

Wäre das sturmgepeitschte, vom ungestümen Wellenschlag geschüttelte Boot, in welchem sich die Menschheit des XX. Jahrhunderts befindet, nicht wirklich in der größten Gefahr, warum dann wohl hätte Maria so oft ihre Hand zur Hilfe ausgestreckt? Sie verfolgt in größter Sorge dieses untergangsbedrohte Boot. Immer häufiger erscheint sie auf der ganzen Welt als blutige Tränen weinende Frau. Ist es, weil die Menschen in ihrer überwiegenden Mehrheit ihr den Konsens verweigern?

Wird nun die Stunde der Barmherzigkeit bald zu Ende gehen und die Stunde der Gerechtigkeit schlagen?

Hoffentlich überrascht uns diese Stunde nicht so plötzlich, daß keine Zeit mehr sein wird, die eigene Haut zu retten, d.h. seine Seele vor dem Schlimmsten zu bewahren, was ihr widerfahren könnte: der Hölle — auf ewig!

Der Untergang der Menschheit könnte so radikal ausfallen, daß für Millionen oder Milliarden der leibliche Tod nur als das kleinere Übel hereinbrechen würde.

Diese Sorge ist die eigentliche Sorge der „Frau aller Völker", der „Königin des Weltalls", der „Königin der Armen Seelen", die dieser Gefahr glücklicherweise bereits entronnen sind.

Wie wichtig ist für uns (noch) Lebende eine in diese Richtung zielende Bewußtseinsbildung!

Frau aller Völker

Überragende Rolle

Gott hat seiner Mutter im Heilsgeschehen der Menschen und Völker eine überragende Rolle zugedacht.

„Was Gott tut, das ist wohlgetan!"

Mit Maria hat Gott der Menschheit ein großes Geschenk gemacht:

Sie ist Vermittlerin, Fürsprecherin, Miterlöserin, Frau aller Völker, Königin des Weltalls, Königin des Friedens!

„Mit dem Ja zu Maria als der Frau aller Völker ist die Kraft der Dämonie gebrochen, beginnt der Heilige Geist, den eine erblindete Theologie bereits durch den unseligen Geist der Evolution, des Progressismus, Funktionalismus und Intellektualismus ersetzt zu haben glaubte, wieder zu strahlen und die welkende christliche Gemeinde wieder im dreifachen Licht von Gerechtigkeit, Wahrheit und Liebe aufzublühen."

(Hans Baum: „Das Ultimatum Gottes")

Um dies alles richtig zu begreifen und anerkennen zu können, bedarf es des guten Willens und der Demut der Menschen.

Der vor Gott demütige Mensch ist ein wesentlicher Bestandteil von Ordnung und Frieden dieser irdischen Welt!

Wissenschaftlicher Beachtung wert

Dieses muß man des vielen Unverständnisses wegen feststellen: Marienerscheinungen sind ein absolut integres Gebiet.

Sie stellen echte mystische Ereignisse dar und sind scharf zu trennen (etwa) von parapsychologischen Phänomenen.

Es gibt nämlich auch recht viel erstaunliche Dinge aus dem Bereich der Grenzgebiete zwischen echter und Pseudomystik. Denken wir z.B. an Autosuggestion, Hypnose, Spiritismus, Okkultismus, Besessenheit, Dämonie, Ekstase, übersinnliche Wahrnehmungen, Hellseherei, Weissagung, Beschwörung, Magnetismus oder Astrologie!

Weil es hier so vieles gibt, wo Skepsis in höchstem Grade berechtigt und ratsam ist, was in den Händen von Scharlatanen als Mittel zu Betrug und Verführung benutzt wird, „schüttet man allzuleicht das Kind mit dem Bade aus".

Marienerscheinungen haben mit all dem nichts gemein.

Der Mensch hat auf ihr Eintreten überhaupt keinen Einfluß. Er kann sie lediglich feststellen, prüfen, anerkennen oder ablehnen.

Wo Maria wirklich erscheint, „die reinste Mutter, die unbefleckte Mutter, der Sitz der Weisheit", da erübrigt sich jeglicher Verdacht auf Unseriösität.

Ob man aber eine „Antenne" für „diese Dinge" hat oder nicht, das hängt von den seelischen, inneren Zuständen des Menschen ab. Der eine kann sich öffnen, der andere verschließt sich ihnen.

Es geht hier nicht um reine Verstandessache. Das religiös sensibilisierte Herz erfaßt hier spontan gewisse Zusammenhänge besser, als ihnen eine rein geistige Bemühung auf die Spur kommt. Wissenschaft allein ist leicht in der Gefahr, nicht mehr als — wie man sagt — Fachidioten hervorzubringen.

Bildung ohne Herzensbildung kann bittere Armut sein, aber Herzensbildung ohne wissenschaftliches Diplom sehr wohl ein großer Reichtum.

Der Mensch ist eben mehr als „denkende Materie".

Mancher glaubt, es seiner persönlichen Ehre schuldig zu sein, sich von allen Dingen ostentativ zu distanzieren, die etwas mit Mystik zu tun haben. Er wirft alles in einen Topf und nennt es: Irrealismus!

Leute, die sich selbst für zu schade und erhaben einschätzen, dem Gebiet Mystik auch nur die geringste Aufmerksamkeit zu widmen, wissen und ahnen ja gar nicht, welch ein interessanter Teil einer verblüffenden Realität ihnen damit versagt und unbekannt bleibt.

Bevor es eine Tiefseeforschung gab, hätten wir auch nicht gedacht, bzw. geahnt, welch eine lebendige, wirkliche Welt an Kreaturen, Formen und Farben sich in der Tiefe des Meeres befindet.

Die Erforschung der Mystik ist gewiß noch nicht in die Bereiche ihrer tiefsten Tiefen vorgedrungen. Wer weiß, wie sehr sie noch am Anfang steht?

Dieses Forschungsgebiet hat es sehr wohl verdient, daß die Kirche selbst sich wieder mehr dieser Forschung annimmt. Mit der Wertschätzung und Förderung der Mystik erweist sie der kirchlichen und religiösen Entwicklung einen großen Dienst. Denn die Mystik kann ohne Zweifel in der Entfaltung kirchlichen Lebens ein bedeutsames, anregendes Element sein. Es ist wichtig, das zu sehen und danach zu handeln.

Theologische Gelehrsamkeit muß es zwar geben, aber was ist sie schon wert, wenn sie nicht mit Frömmigkeit einhergeht? Die Frömmigkeit braucht ihre Nahrung. Und wenn nun die Mystik diese Nahrung sein kann, dann ist ihr großer Wert nicht zu leugnen und ihre Förderungswürdigkeit unbestreitbar.

Wenn man zum Thema „Marienerscheinungen" und Wunder um die rechte Erkenntnis ringt und forscht, dann ist es nicht zu verwundern, wenn man auf die bedeutende Persönlichkeit Alexis Carrel, Arzt und Forscher, Inhaber des medizinischen Nobelpreises (1912), stößt.

Als noch junger Arzt und Wissenschaftler brachte er den Mut auf, sich den Tatsachen von Lourdes zu stellen. Dabei stieß er auf fanatischen Widerstand und den Spott anderer namhafter Wissenschaftler, u.a. des berühmten Professors Ferdinand Sauerbruch.

Auf Befragen seiner Professoren stand er furchtlos dazu, daß Lourdes (also auch „Fatima“ u.a.!) wissenschaftlicher Beachtung wert sei.

Er selbst erklärte sich die Lourdes-Phänomene lange Zeit mit der Annahme, daß es sich bei den sogenannten Wundern um Suggestion oder Autosuggestion handele.

In diesem Sinne riet er seiner eigenen, jungen Patientin, die einen kalten tuberkulösen Abszess an der rechten Hüfte hatte, der seit Monaten allen Behandlungsmethoden der Klinik getrotzt hatte, nach Lourdes zu fahren, um die Kraft der dort ausgeübten Suggestion zu erproben.

Die Kranke kam geheilt zurück.

Als er dieses Ergebnis vor seinen Professoren mitteilte, tat er das sachlich und nüchtern mit den Worten: „Sie ist vollständig geheilt. Keine Spur mehr von Eiterung. Lourdes hat in einigen Tagen Erfolg gehabt, wo ich seit Monaten scheitere. Ich erkläre nicht, ich diskutiere nicht, ich stelle keine Hypothesen auf, ich gebe keine Deutung. Ich melde Ihnen nur die Tatsache!“

Diese Nüchternheit hätte doch dem wissenschaftlichen Professor imponieren müssen. Statt dessen unterbrach der Professor mit den Worten: „Es ist zwecklos, weiter darüber zu reden. Mit solchen Ideen glaube ich Ihnen sagen zu können, haben Sie unter uns (Wissenschaftlern) nichts zu suchen.“

„Wenn es so steht, gehe ich meine Wege!“ antwortete Carrel prompt. In der Tat ging er seine Wege und wurde ein in aller Welt angesehener Wissenschaftler und Nobelpreisträger.

Wider alles Erwarten erlebte Carrel als Begleitarzt eines Lourdes-Pilgerzuges die Heilung einer Kranken, die laut medizinischem Bericht bereits im Todeskampf lag. Diese seine Zeugenschaft einer unerklärlichen Heilung hinderte Carrel nicht daran, weiterhin seine kritische Haltung aufrechtzuerhalten.

Aber er sagte sich: „Ergibt sich durch strenge Überprüfung Betrug oder Irrtum, so hat man die Pflicht, die Öffentlichkeit zu warnen. Sollten aber die Heilungen — wider alles Erwarten — echt sein, so würde man Zeuge eines höchst bemerkenswerten Vorganges werden. Man könnte dadurch sehr wichtigen Zusammenhängen auf die Spur kommen."

Eine solche Haltung gegenüber diesen Phänomenen ist vorbildlich und nötigt Respekt ab. Sie ist mutig und wissenschaftlich, gerade weil sie Vorurteile außer Acht läßt. Und diejenigen, die auf diesem Gebiete oder überhaupt leichtfertig dem Vorurteil vertrauen, sind wissenschaftliche Bankrotteure.

Carrel wußte, daß der Mensch und seine Fähigkeiten noch längst nicht ganz erforscht sind. Er bezeugte dieses in seinem bekannten Buch „Der Mensch, das unbekannte Wesen". Weil er sich so grundlegend mit dem Menschen befaßt hatte, war er auch darauf gestoßen, daß der Mensch beim Beten die stärkste Kraft ausstrahlt.

Es war die Fülle seines Wissens über den Menschen, die ihn vor diesbezüglichen Vorurteilen bewahrte und ihm den Zugang zu Wundern und Erscheinungen nicht verbaute. Er blieb „höchst bemerkenswerten Vorgängen" gegenüber stets aufgeschlossen, ohne sich von Abartigkeiten irritieren zu lassen. Denn es gibt selbstverständlich auch Wundersucht. Sie ist ein Zeichen seelischer Krankheit und subjektiver Entgleisung, ein Fall für die Pathologie.

Krankhafte Fantasie und Wirklichkeit sind zwei völlig verschiedene Dinge. Man muß sie auseinanderzuhalten verstehen.

Wer sich eine Krankheit oder ein Wunder einbildet, der ist psychisch krank und keineswegs ein Maßstab für Krankheiten oder Wunder. Seelisch gesunde Menschen bilden sich weder das eine noch das andere ein. Sie sind nüchtern und wissend genug, um zu erkennen, daß echte Wunder und Erscheinungen allein in der Hand Gottes liegen und nur demjenigen passieren, von dem Gott es will.

Es wäre die Prüfung aufschlußreich, um was für Menschen es sich handelt, an denen Wunder oder Erscheinungen geschahen oder durch die Wunder gewirkt wurden. Es fällt auf, daß es besonders häufig Kinder waren, an die sich Erscheinungen richteten, oder auch, daß es sich um tugendhafte, demütige, heiligmäßige oder einfältige Personen handelte, denen Erscheinungen zuteil wurden.

Es scheint wohl so zu sein, daß die Demut eine besonders wesentliche Voraussetzung ist, um ein solches unverdientes persönliches Erlebnis unbeschadet reflektieren zu können.

Selbst den Erforschern solcher Phänomene, wie überhaupt allen Forschern, ist eine demütige, bescheidene Haltung angemessen. Denn Forschen ist ja im Grunde keine eigene Produktion. Vielmehr ist es ein Suchen und — wenn man Glück hat — Finden von Realitäten als auch ihren Zusammenhängen und Gesetzmäßigkeiten.

Wichtig ist auf jeden Fall, daß nicht verborgen bleibt, was zum Nutzen und Heile der Menschheit höchste Aufmerksamkeit verdient. Das gilt z.B. für „Fatima“ und andere Marienbotschaften.

Weltgeschichtliche Unterlassung

Es ist mindestens ebenso sachlich und ehrenvoll und ebensogut eine schätzenswerte geistige Leistung, sich mit Mystik zu befassen wie mit Naturwissenschaft. Naturwissenschaft und Mystik sind eigentlich überhaupt keine Gegensätze, und das eine schließt das andere nicht nur nicht aus, sondern beides ist im letzten ein Gebiet.

Man sagt wohl, der Christ könne gar nicht beweisen, daß hinter allem, was man nicht sehen, greifen, wahrnehmen kann, Gott existiere, und der Atheist könne nicht beweisen, daß Gott dort nicht ist. Man könne somit also bei einer solchen Unbeweisbarkeit sowohl das eine als auch das andere vertreten.

Im gleichen Augenblick aber, wo der undurchdringlich erscheinende Vorhang der Unwissenheit über diese Dinge sich öffnet, indem wahrnehmbar irgendwo eine Stimme zu hören, eine Person zu erkennen ist (wie z.B. in Fatima, Lourdes oder sonstwo), die aus dem Bereich außerhalb unserer gewöhnlichen Erfahrungen stammt, da müßte doch unsere geistige Spannung auf einen Höhepunkt geraten und unsere ganze Geistesschärfe angesprochen sein, um mit äußerstem Einsatz zu prüfen und zu forschen. Hier ist jedes Vorurteil fehl am Platze, weil es zur Lösung dieser Frage nicht beitragen kann.

Daß es nur wenige sind, die sich mit Interesse diesem Phänomen zuwenden, ist erstaunlich, weil es sich um ein außergewöhnlich interessantes Gebiet handelt.

Daß aber nicht einmal die Mehrheit der christlichen Denker und Theologen die einmalig aktuellen Erscheinungs-Ereignisse besonders dieses Jahrhunderts aufgreift, um sie zum Gegenstand gewissenhafter, wahrheitsliebender Untersuchungen zu machen, das ist nicht nur erstaunlich, das ist geradezu ein Ärgernis.

Denn das ist der Sinn dieser Ereignisse, daß ihr Wahrheitsgehalt erschlossen werden und an Ohren und Herzen aller Menschen dringen soll.

Wer dafür zuständig und kompetent ist, sich aber heraushält, vielleicht um sich Unannehmlichkeiten zu ersparen, und weil er weiß, daß aufgrund der bekannten Vorurteile seine wissenschaftliche Reputation in Frage gestellt wird, der verstößt einwandfrei gegen seine Gewissenspflicht. Diese Feigheit ist nicht ehrenvoll!

Wenn „Fatima" nicht die Früchte gezeigt hat, die es im Plane Gottes zeitigen sollte, dann liegt das in der Hauptsache bei denen, die berufen waren, den Ruf aus Fatima in Ehrfurcht entgegenzunehmen und der Welt mitzuteilen, die das aber entweder gar nicht taten oder aber ohne den erforderlichen Einsatz an Überzeugungs- und Tatkraft.

Welch eine Unterlassung, wenn man berücksichtigt, daß nun der Kommunismus doch verbreitet wurde und der Zweite Weltkrieg doch eingetreten ist!!

Die Versäumnisse sind unaussprechlich und nie wieder gutzumachen.

Lauter als 1917 müßte heute die Fatima-Botschaft erschallen, denn das, was uns heute bedroht, ist um vieles schrecklicher als der Zweite Weltkrieg.

Das wissen wir alle, aber was wird zur Abwendung dessen Fruchtbares geleistet? Was tut die Kirche aus vollem Herzen und in großer Eindringlichkeit in Vereinigung mit Maria, der Mittlerin und Fürsprecherin im Namen Gottes, zur Rettung der Menschheit?

Sie sieht und weiß doch, was auf unserem Planeten los ist, an welchem Punkt der auf sich selbst bauende, reinem Diesseitsdenken verhaftete, auf seine Wissenschaft und Technik setzende, überhebliche, demutlose, gottentfremdete Mensch unserer Tage angelangt ist.

Er ist in seine eigenen Fänge geraten. Er weiß wirklich nicht mehr, wie er die von ihm selbst herbeigeführte Entwicklung in die Überrüstung und Umweltbedrohung zum Stoppen bringen könnte. Ausgerechnet der von höchsten

Erfolgen in Wissenschaft und Technik gekrönte Mensch steckt nun in der bedauerlichsten Hilflosigkeit.

Das Grab für die gesamte Menschheit ist bereits ausgehoben. Ein Knopfdruck genügt, und die Beerdigungszeremonie kann beginnen. Der phänomenalste Selbstmord aller Zeiten setzt sich dann in schaurige Szene.

Er wird nur möglich geworden sein, weil der dem Anschein nach so kluge Mensch der letzten Generationen schon lange die Vernunft verloren hat. Denn er steuert sich selbst ohne Unterlaß in den Untergang hinein.

Nur wenn wir uns diese trostlose Lage der Menschheit und die Liebe und das Erbarmen des allmächtigen Gottes vor Augen halten, werden wir verstehen, daß und warum die Mutter des Herrn in ihrer Vermittlerrolle und als Verkörperung der Liebe Gottes an so viele Orte unserer Erde entsandt wurde.

So schrecklich auch irdische Katastrophen sein mögen, so sind sie dennoch nicht der primäre Anlaß dafür, daß die Mutter des Herrn ihre Hand zur Hilfe ausstreckt.

Vielmehr will sie den Menschen aus seinem kurzen Erdendasein in eine glückliche Ewigkeit hinüberretten.

Was nützt dem Menschen die Rettung seines Leibes, wenn seine Seele dabei zu kurz kommt?

Der Mensch ist nun mal sein Leib und seine Seele!

Maria will den Menschen eine totale Hilfe leisten.

Sie ist im Auftrag Gottes berufen, die größte Seelsorgerin aller Zeiten zu sein.

Sie lehrt die Menschen, d e n Geist zu leben, der sie ewigem Unheil entzieht.

Was ist dran am Rosenkranz?

Marienerscheinungen sind ein wichtiger Ansatz- und Ausgangspunkt zu aktuellen, auf die Nöte der Menscheit bezogenen Aktivitäten der Christen.

Wenn uns unsere eigene Rettung am Herzen liegt, dann können wir nichts Klügeres tun, als sie ernst zu nehmen.

Das allerdings bedeutet auch, die Opfer, Konsequenzen und Verpflichtungen auf sich zu nehmen, die von Maria zur Bedingung gestellt werden.

Aber das wollen so viele nicht tun, weil ihre eigene Lauheit in religiösen Dingen ein Teil ihres Selbst geworden ist. So wird für sie der Rosenkranz ein Stein des Anstoßes.

Ihre Frage: „Warum denn gerade der Rosenkranz?“ sollte man zunächst einmal so beantworten: „Weil es die Mutter des allmächtigen Gottes gesagt hat!“

Sie, die „Mutter der ewigen Weisheit“, spricht in Weisheit. Wenn sie davon überzeugt ist, daß das Gebet des Rosenkranzes einen besonders hohen Wert hat, dann hat er diesen besonderen Wert.

Ihr, der Gottesmutter, zu vertrauen, müßte doch wohl Ehrensache eines jeden Christen sein.

Indem wir das Rosenkranzgebet verrichten, dürfen wir hoffen, in geheimnisvoller Weise an der uns versprochenen Hilfe Mariens teilzuhaben.

Sie will unsere Aktivität, weil Gott sie will.

Und außerdem: Sie weiß doch wie kein Mensch auf Erden, was Gebet wirklich ist, was sich beim Beten abspielt, warum und wie es eine Wirkung hat.

Wir werden das letztlich erst richtig erfahren, wenn wir in die „himmlischen Wohnungen“ aufgenommen sein werden.

Somit sollten wir zuerst einmal auf der Basis des Vertrauens beten, des Vertrauens auf Wert, Würde, Wirkung und Erhörung des Gebetes.

Aber das eine wissen wir: Der Rosenkranz ist ein Lehr-

und Betrachtungsbuch für jedermann. Es bietet die Möglichkeit der Versenkung in die Geheimnisse des Lebens und Sterbens unseres Herrn Jesus Christus wie auch der Mitwirkung Mariens an unserer Erlösung.

In Gebet und Betrachtung wird Gott die Ehre gegeben. Für die rechte Ordnung und den Frieden auf der Welt ist das eine Grundvoraussetzung.

Auch das gefällt Gott: daß die Menschen die Forderung Mariens in Demut annehmen. Diese Demut hat nichts mit Demütigung zu tun. Gott ist ja kein Despot. Seine große Macht und Herrlichkeit hindert ihn nicht daran, unser Bruder zu sein. Die Bedingungen, die er durch Maria stellt, stellen in keiner Weise eine Erniedrigung dar.

Sie sind gewissermaßen ein Eintauchen in die Gottesgemeinschaft. Denn durch das Beten des Rosenkranzes ist verbürgt, daß Gott wirkt und hilft.

Gott wirkt und hilft also, wenn der Mensch dazu seine aktive Einwilligung und Teilnahme zusagt.

Man sieht hieraus auch, wie hoch Gott sein Meisterwerk, den Menschen einschätzt.

Die Aufforderung zum Rosenkranzgebet bedeutet, daß wir Menschen die Möglichkeit und darum auch die Pflicht der Mitverantwortung für die innere und somit auch die äußere Entwicklung auf der Welt besitzen.

Wer die Aussagen Mariens in Fatima genau kennt, weiß, daß sie sich längst nicht allein auf das Rosenkranzgebet beziehen. Sie betreffen in aller Eindeutigkeit z.B. auch das Altarssakrament und die sittliche Moral.

Fatima ist eine einzigartige Unterstützung aller priesterlichen Tätigkeit und Seelsorge.

Es ist darum völlig unverständlich, daß es sogar Priester gibt, die Fatima und überhaupt Marienerscheinungen mitsamt ihren Ermahnungen und Forderungen ablehnen.

Sind sie sich denn nicht darüber im klaren, daß sie es hierbei doch wohl mit einer Stimme Gottes zu tun haben, die abzuweisen eine ziemliche Überheblichkeit darstellt?

Wer sind wir Menschen, daß wir es wagen, auch nur beim geringsten Grad an Wahrscheinlichkeit einer Äußerung Gottes oder Mariens „einen großen Ton“ zu riskieren?

Die Priorität beim Beten des Rosenkranzes hat nicht das ungekürzte Nacheinanderbeten aller Ave Maria (unter Zuhilfenahme der Rosenkranzperlen) sondern das demütige Übereinstimmen in der Intention mit der Autorität des Himmels, die sich in Botschaften an alle Menschen kundtut.

Ein gekürzter Rosenkranz in gutwilligster Absicht und mit Hingabe gebetet, ist sicherlich wirkungsvoller als ein von Nachlässigkeit und Ablenkungen geprägter ungekürzter voller Rosenkranz.

Aber dieses negative Extrem ist natürlich auch kein Argument wider den Rosenkranz. Denn manche Kritiker des Rosenkranzes stoßen sich an den vielen Wiederholungen. Ihnen gilt die Frage: Ist denn aber nicht die Wiederholung die Mutter aller Wissenschaft? Und ermöglicht nicht erst die Wiederholung das allmähliche tiefere Eindringen in eine Wahrheit, in ein bestimmtes Gebiet der Erforschung oder der Betrachtung? Wenn von „höchster Warte“ dieses Gebiet so nachdrücklich und intensiv empfohlen wird, so kann man sich darauf verlassen: Es muß an diesem Gebet etwas Besonderes „dran sein“.

Der Rosenkranz ist Glaubensbekenntnis, Gotteslob, Sühneopfer, Liebesakt — und auf jeden Fall etwas sehr Gutes. Man soll und darf ihm nicht widersprechen, wenn man nicht Gutes an der Menschheit verhindern will.

Denn nicht weniger als um der gesamten Menschheit willen soll er von einer Vielzahl von Betern verrichtet werden. Das ist zum Beispiel „fatimagerecht“.

Und darum gehört dazu die Aktivität und Organisation führender Männer und Frauen, die ein mutiges, dauerhaftes Engagement für den Rosenkranz entwickeln.

Denn er ist ein Gebet mit hohem Anspruch, schon gar nichts für Sentimentalisten und Gefühlsduselanten, sondern vielmehr für kernige Männer und Frauen, für weise gewordene Greise und unschuldige Kinderseelen, für Laien und Priester, für Wissenschaftler und den Normalbürger.

Der Rosenkranz, von einer Vielzahl von Gläubigen gebetet, ist ein derartiges Krafterweckungs- und -entfaltungsmittel, daß allein er in der Lage ist, die so in dieIrre und Morallosigkeit geratenen Völker religiös und moralisch zu regenerieren.

Ihn täglich zu beten — gewiß das ist ein Opfer. Aber das soll es ja auch sein, weil der opferbringende Mensch ein sich sittlich aufrichtender, zur vollen Persönlichkeitsentfaltung offenerer, bereiterer und auch fähigerer Mensch ist. Der Rosenkranz formt seine Beter.

Doch das ist sozusagen nur ein Nebenprodukt, wenn auch ein sehr bedeutsames.

Sein oberster Zweck ist, im Zusammenklang mit der Eucharistie das Leben, Leiden, Sterben und Auferstehen Jesu Christi in den Mittelpunkt unseres Lebens zu stellen. Die Versenkung in die Rosenkranzgeheimnisse führt auch zu unserer Besinnung über unsere eigene ewige Bestimmung. Rosenkranz ist eine produktive Glaubensunterweisung. Mit großem Recht also ein sehr empfohlenes Gebet!

Man kann besonders die für die Kirche Gottes Hochverantwortlichen nicht genug dazu ermahnen, ihr diesbezügliches Engagement aufrechtzuerhalten oder zu verstärken. Die bisherigen Unterlassungssünden in ihren Kreisen dürfen nicht wiederholt werden, weil sie weltgeschichtliches Format besitzen, und weil sie verhängnisvoll für die ganze Menschheit sind.

Die Fatima-Forderung nach mehr Gebet und weniger Sünde auf der Welt als die einzige Möglichkeit zu Rettung und Weltfrieden sowie zur Überwindung des atheistischen Kommunismus kann doch nur auch ihre Devise sein.

Für vernünftige, realistische, wissenschaftlich gebildete, aber eben gläubige Menschen sind Fatima und Rosenkranz etwas, wozu man sich in Ehren bekennen kann.

Denn es hält die Menschen dazu an, das Richtige zu tun

und das Falsche zu unterlassen. Wie bedeutungsvoll das ist, erkennt man, wenn man, sich auf Jesus Christus berufend, davon ausgeht, daß unser irdisches Dasein im Spektrum der Ewigkeit nur die Dauer eines Blitzes einnimmt und dennoch darüber entscheidet, wie es um unser Schicksal bestellt sein wird in dem unendlich langen Zeitraum der jenseitigen Daseinsweise. Das glauben wir, und das müssen wir auch vor der Welt offen vertreten. Und das ist sachliche Stellungnahme zu Fatima.

„Fatima", das ist zu hundert Prozent das, was auch die Kirche lehrt und verkündet.

Weil die Verkündigung der Kirche nicht erfolgreich genug war, um den atheistischen Kommunismus sowie den ebenfalls weltbeherrschenden Materialismus auszurotten, darum wendet sich in Fatima oder wo auch immer Maria an die Menschen, insbesondere an die Christen, um ihnen ein Gebets- und Aktionsprogramm vorzustellen, an welches sie sich in fester Solidarität halten sollen. Sie verspricht ihnen, wenn sie sich daran halten, ihre Hilfe und den Weltfrieden.

Gottesmutter und Kirche Gottes, das kann niemals etwas Verschiedenes sein.

Aber natürlich enthält das Eintreten Mariens in unsere Welt eine unverkennbare Kritik an den Zuständen in Welt und Kirche, Kritik daran, daß in der Welt so viel Sittenlosigkeit herrscht, und daß in der Kirche nicht die Kraft lebendig wurde, die das verhinderte, vor allem Kritik daran, daß den weltverändernden gottlosen Ideologien ein so guter Nährboden bereitet wurde. Sofortige Umkehr war damals, im Jahre 1917, geboten. Sie erfolgte nicht, und deshalb setzte die Gottesmutter ihre Fatima-Mission vielerorts auf der Welt fort.

Ehrlich gestanden: Sie ist bis heute weitgehendst gescheitert. Das Gebets- und Sühneprogramm von Fatima ist deswegen unablehnbar, weil es auch ohne Fatima ebenso brennend aktuell wäre. Mehr Gebet, weniger Sünde und Gottesbeleidigung, das ist fundamentale kirchliche und seelsorgerische Aussage und Aufgabe! Dieses ist es, welches die ideologischen Strömungen überwindet, die im Weltmaßstab darauf aus sind, allen Glauben an ein Weiterleben nach dem Tode zu vernichten und somit das Heil unzähliger Seelen auf der Welt zu zerstören. Leider sehen die verblendeten Menschen nicht, daß sie es in Fatima mit einer Autorität zu tun haben, der sie sich anvertrauen können, weil sie die Fäden der geschichtlichen Entwicklung genau sieht und kennt und genau weiß, was zur Abwendung der sich anbahnenden Katastrophe unternommen werden muß.

Sie läßt uns wissen: das Gebet des Rosenkranzes spielt für diese Abwendung eine beherrschende Rolle!

MITTELPUNKT ALLER FRIEDENS-INITIATIVEN

Berufene Initiatoren

Es darf unter den Bischöfen in ihrer positiven Bewertung „Fatimas“ keine Ausnahmen mehr geben.

Der Zweite Weltkrieg mit seinen 55 Millionen Toten und unermeßlichen sonstigen Leiden und Schäden ist doch in der Tat dafür Lehre genug.

Wir müssen doch alle bedenken, wie nahe ein Dritter Weltkrieg uns sein kann. Wer da nicht alles Vernünftige und Menschenmögliche aufbietet, um ihn abzuwehren, der ist ein Wahnsinniger oder ein Teufel.

Die Jahre nach 1917 haben in eindrucksvoller Weise gezeigt, daß Wahnsinn und Dämonen ein gefährliches Spiel treiben können. Was sind der Zweite Weltkrieg, der Nationalsozialismus, der Kommunismus, die Porno- und Sexwelle, die Superrüstung, der Materialismus letztlich anderes als Wahnsinn und Dämonie?!

„Die Anerkennung Gottes und die ergebene Befolgung seiner Gebote widerstrebt dem Stolz der Menschen. Das Bewußtsein vom Wirken dämonischer Mächte ist erloschen — und mit geschlossenen Augen betet man Intellekt und Technik an. Eine aufgeklärte, machtberauschte Menschheit tanzt auf dem Spielball der Gewalten ohnmächtig auf den Wogen des Geschehens, dunkler Dämonie preisgegeben.“ (Bernhard Philberth)

Nur über unsere Beziehungen zu den Mächten des Lichtes und bei unseren größten moralischen und religiösen Anstrengungen wird es uns gelingen, am Dritten Weltkrieg vorbeizukommen. Ohne unsere freiheitliche Mitentscheidung und Aufraffung wird es die Rettung der Menschheit nicht geben. Das ist die Würde des Menschen: Seine Freiheit, sein freier Wille!

Gott hebt diese Freiheit niemals auf, auch nicht, wenn die Menschheit ihren eigenen Untergang — durch den Geist, den sie praktiziert — beschließt bzw. herbeiführt.

Und der Mensch wird die Entscheidung zu seiner Rettung — im Sinne „Fatimas" — nur fällen und fällen können, wenn ihn Vernunft, Glaube, Liebe, der Geist des Reinen und Heiligen erfüllen.

Vor dem Gebet steht die bewußte Hinwendung zu Gott, der in uns die guten Regungen und Entschlüsse zur Reife bringt. Somit ist die freie Willensentscheidung der Menschen — „Für Gott" oder „Gegen Gott" — der Angelpunkt aller Weltgeschichte.

Wenn es nun außer jedem Zweifel steht, daß unter allen Aktivitäten zur Herbeiführung eines stabilen Weltfriedens den religiösen Anstrengungen der höchste Rang zuerkannt werden muß, dann kann auf der Welt nichts wichtiger sein, als daß die Menschen in diesem Sinne mobilisiert werden und daß es dazu berufene Initiatoren gibt, die diese ihre Funktion auch mit aller Hingabe und dem erforderlichen Ernst ausüben.

Die Notwendigkeit und der hohe Wert bischöflicher Führung liegen auf der Hand. Sie ist providentiell.

Denn wenn in allen Gemeinden Friedensinitiativen gestartet werden sollen, so geht das nur über die Bischöfe.

Sie sind ein maßgeblicher Angelpunkt. Von ihnen in erster Linie muß die Initiative ausgehen, gelenkt und organisiert werden.

Ich erlaube mir, in diesem Sinne einen bischöflichen Appell zu improvisieren:

APPELL DER BISCHOFSKONFERENZ

„In beschwörendem, der Weltlage angemessenem Ernst wenden wir Bischöfe uns an Euch, liebe Schwestern und Brüder, um Euch aufzufordern, Eure Anstrengungen um den Frieden zu intensivieren und folgendes zu beherzigen:

1. Wer den Sonntag nicht durch Gebet und Gottesdienst heiligt und somit die geziemende Anerkennung Gottes verweigert, der zählt zu den Hauptverursachern einer vielleicht schon baldigen Auslösung des III. Weltkrieges und damit der größten Katastrophe aller Zeiten.

Denn der stellt die wahre Friedensordnung auf den Kopf. Friede ist ohne die demütige Hinwendung der Menschen zu Gott und ohne seine Anerkennung unmöglich.

2. Nur außergewöhnliche Anstrengungen und Zeichen des guten Willens der Menschen können die Bedrohung durch eine Weltkatastrophe herabsetzen. Geben wir Gott in besonderer, nicht alltäglicher Weise die Ehre.

Laßt uns in jeder Pfarrgemeinde und überall sonst, wo dies möglich ist, in regelmäßiger Folge zusätzliche Anbetungsstunden einrichten.

Beteiligt Euch fleißig, und überwindet alle Lauheit in Eurem eigenen Interesse und zum Wohle der Allgemeinheit.

Besucht auch außerhalb dieser festgesetzten Zeiten Euren Heiland im Sakrament des Altares. Das gehört zur Ordnung des Friedens, denn das ist ein Akt der Gerechtigkeit und der Liebe.

3. Die Kirche hat die Vorgänge in Fatima im Jahre 1917 als echte, ernstzunehmende Botschaft anerkannt. Die Verpflichtung daraus gilt für einen jeden von uns. Beten wir täglich den Rosenkranz, wenn nicht ganz so doch wenigstens teilweise. Denn diesem Gebet ist in besonderer Weise der Weltfriede und die Bekehrung Rußlands verheißen. Es stellt ein besonderes Gnadenangebot dar.

Es wäre unverantwortlich, die Welt durch Unterlassung und Abweisung dieses gottversöhnenden Mittels in den Abgrund zu stürzen. Erfüllet auch die Forderung Mariens zur Einhaltung der Sühnesamstage.

4. Da der Weltfriede nicht Sache einer einzelnen Konfession ist, sondern alle Konfessionen, Völker und Rassen angeht, bitten wir Euch, am besten vielleicht im Zusammenschluß mehrerer Gemeinden, auch ökumenische Friedens-

Gebetsstunden oder (bzw. auch) Friendenswallfahrten zu veranstalten. Es gibt da viele Möglichkeiten, und sie sind jeweils den örtlichen Umständen und Verhältnissen anzupassen.

5. Pflegen wir als besonderes Zeichen unseres guten Willens regelmäßig alle Bildstöcke, Kreuze und Kapellen im Umkreis unserer Städte und Gemeinden, besonders die vergessenen, in Verwahrlosung geratenen.

Gott wird dieses als demütigen Ruf um Erbarmen anerkennen und in Güte erhören und erwidern.

6. Wir Christen beten nur gut, wenn wir auch im Geiste des Gebetes handeln. In diesem Sinne ist es unsere unabweisliche Pflicht, dem katastrophalen Niedergang der öffentlichen Moral mit aller Kraft und allen möglichen Mitteln planvoll entgegenzutreten.

Denn er ist es, der die Religiosität im Volke immer mehr auslöscht.

Wir haben nicht das Recht, die Sodoma- und Gomorrhaverhältnisse dieser Zeit zu dulden, weil wir dadurch zum totalen Untergang beisteuern.

Säubern wir unsere geistige Umwelt durch konkreten Widerstand gegen unmoralische Produzenten und ihre unmoralischen Produkte, vor allem im Bereich von Presse und Medien. Boykottieren wir alles, was die Ehre des Christen verletzt! Bestimmen wir durch unsere Kaufkraft, was gedruckt werden soll!

Gründet in allen Euren Gemeinden Kampftruppen gegen den moralischen Zerfall, damit sie in massiver Geschlossenheit mit einem gezielten Programm den größtmöglichen Einfluß auf die moralische Säuberung unserer Gesellschaft ausüben.

Wenn aus allen Gemeinden heraus gleichsam ein ständiges Trommelfeuer konstruktiver Kritik und produktiver Mitarbeitsangebote auf die Programmgestalter und Verantwortlichen der Rundfunkgesellschaften niedergeht, dann kann die willkürliche und menschenrechtsverletzende Programmgestaltung nicht wie bisher weitergehen.

Es gibt keine umfassende Förderung des Gebetes, ohne an dieser Wurzel anzupacken.

Dieser Kampf stellt eine zeitgemäße Gottesverherrlichung dar.

7. Wenn wir Gott, den Vater, bitten: „Unser tägliches Brot gib uns heute“, dann tun wir das im Namen aller Menschen. Die moderne Technik hat die Menschen aller Völker einander so nahe gebracht, daß sie wie und als Brüder füreinander Verantwortung tragen müssen.

Heute gibt es keine Entschuldigung mehr dafür, daß es gleichzeitig Überfluß und Hungersnöte auf der Welt gibt.

Wenn wir unsere mögliche Hilfe verweigern, weil wir zu wenig initiativ sind und zu wenig Liebe besitzen, dann sündigen wir in hohem Maße an der Menschheit.

Doch dann müssen wir allerdings auch damit rechnen, daß diese Verweigerung wie ein Bumerang auf uns zurückkommen und unseren eigenen Wohlstand nach dem Gesetz zugrunderichten wird: Brot für alle oder Tod für alle!

Wir Bischöfe wissen sehr gut, daß unsere Hilfswerke im Vergleich zu dem wahren Ausmaß von Hunger und Not auf der Welt doch im Grunde nur ein Körnchen wirklich lindernder Hilfe darstellen. Darum rufen wir euch alle auf, eure ganze Erfindungs- und Tatkraft einzusetzen, um unsere gemeinsame Hilfe zu vervielfachen.

Wir sind davon überzeugt, daß das möglich ist.

Jeder gute Plan oder Vorschlag ist uns dazu sehr willkommen. Gott, der Herr, wird in seiner Gerechtigkeit all unser Beten um den Weltfrieden nur erhören können, wenn wir das Unsrige dazu tun.

Unser Gebet kann nur in dem Umfange fruchtbar sein, wie es mit unserer praktischen Bruderliebe übereinstimmt.

Die Echtheit des Betens bedarf einer solchen Bestätigung. In diesem Sinne laßt uns gemeinsam ans Werk gehen und vorstehende Maßnahmen zur positiven Veränderung der Weltlage und zur Abwendung der drohenden Weltkatastrophe miteinander, ohne zu zögern, durchführen!"

Diesen — improvisierten — Worten der Bischöfe möchte ich noch hinzufügen:

Wem dieses alles zu viel ist, weil es zu viel fordert, der wird seinen Egoismus spätestens bereuen, wenn die seit langem auf uns gerichteten Atomraketen, aus dem Osten kommend, auf den Weg in den Westen geschickt worden sind, um all die herrliche Zivilisation unserer westlichen Völker und alles Lebensglück auszulöschen.

Da wird die Warnung der schaurigen Sirenen auch nichts mehr nützen.

Noch heulen diese Sirenen nicht!

Aber wer weiß, wie bald?

Wann wird die Langmut Gottes zu Ende sein?

Dann, wenn das Zögern der Christen, die einzig rettenden Initiativen zu ergreifen, jenes Ausmaß erreicht haben wird, welches die Barmherzigkeit Gottes nicht mehr rechtfertigt. Die größte Schuld an der kommenden Menschheitskatastrophe werden, wenn sie eintritt, die Christen haben.

Sie nämlich verfügen in besonderem Maße über die Mittel und Mächte, die stärker sind als alle nuklearen Gewalten!

Und darum ist ihre Verantwortung so unendlich groß.

Sie wissen doch und sollten es sich stets aufs neue zu Gemüte führen:

**WAS IMMER WIR SÄEN,
DAS WERDEN WIR ERNTEN!**

**DIE APOKALYPSE WIRD MENSCHENWERK SEIN:
SCHÄNDLICHES VERSAGEN, UNTERLASSEN, SÜNDIGEN!**

NICHTERWIDERUNG DER UNENDLICHEN LIEBE GOTTES ZU DEN MENSCHEN!

Christus selbst spricht in einer Offenbarung vom 24.11.1978 an Don Ottavio: „Die liebevollen und deutlichen

Einladungen meiner Mutter in La Salette, Lourdes, Fatima und an so vielen Orten hätten von der Kirche angenommen werden müssen."

Wie konnte es geschehen, daß die Kirche, d.h. ihre verantwortlichen Führer, so wenig auf die Einladungen der Gottesmutter zu Gebet und Sühne reagiert hat, daß sie sich nachlässig und uninteressiert gezeigt hat, und das ausgerechnet der Königin des Himmels, der Mutter Jesu Christi gegenüber, die doch im Leben der Kirche eine solch hohe Ehrenstellung all die Jahre hindurch einnahm?

Und wie konnten Bischöfe und Kardinäle der Gottesmutter eine solch eiskalte Abfuhr erteilen? Man versteht es nicht.

Wären alle Bischöfe wirklich fromm gewesen und hätten sie die rechte Ehrfurcht und Demut besessen, dann hätten sie das Eingreifen der Himmelskönigin in Kirche und Welt aus tiefstem Herzen dankbar willkommen geheißen, denn sie bot den Priestern und Bischöfen eine überwältigende seelsorgliche Unterstützung an. Hätten Priester und Bischöfe die Botschaft Mariens in La Salette, Lourdes, Fatima, Marienfried, Amsterdam und an vielen anderen Orten positiv bewertet und angenommen, es wäre nicht abzusehen gewesen, wie viele Millionen Seelen einen guten, gottgefälligen Weg eingeschlagen hätten!

Der Verlauf unseres Jahrhunderts wäre völlig anders, und zwar friedlich, gewesen.

Als die Gottesmutter im Jahre 1961 in Garanbandal durch den Erzengel Michael verkünden ließ, daß auch viele Kardinäle und Bischöfe den Weg des Verderbens gingen und große Massen mit sich zögen, da zögerte die Seherin Conchita in ihrer Berichterstattung, und ließ den Passus von den Kardinälen und Bischöfen aus, denn sie glaubte, das könne doch wohl nicht stimmen. Aber die vielen Umstehenden fragten sie, warum sie denn diese Auslassung vornehme, da sie in der Ekstase doch auch davon gesprochen habe, daß selbst Bischöfe und Kardinäle in großer Zahl den

Weg des Verderbens gingen. Daraufhin hat Conchita bei der folgenden Erscheinung die Gottesmutter noch einmal befragt. Sie erhielt die Antwort: „Jawohl, auch viele Bischöfe und Kardinäle gehen den Weg des Verderbens."

Man muß dazu sagen: Wenn Priester und besonders Bischöfe und Kardinäle die Hauptverantwortung dafür tragen, daß auf die Gottesmutter nicht oder kaum gehört worden ist, obwohl es um das Schicksal der Völker der Welt geht, dann kann es doch nur ein Akt der Gerechtigkeit Gottes sein, daß er vor aller Welt dieses bischöfliche Versagen gebrandmarkt hat.

Von ihnen hängt doch so viel ab! Und gerade das ist es, was der intelligente Teufel in seiner Strategie bedenkt. Gelingt es ihm, einen Priester oder gar einen Bischof für sich zu gewinnen, d.h. seinen Hochmut zu schüren, seine Moral zu schwächen, seine Christusverbundenheit zu narkotisieren, so fällt ihm Tausendfaches, wenn nicht Millionenfaches zu unter den Laiengläubigen.

Er weiß, wie er es anstellen muß, die Bischöfe und Priester zu verunsichern, zu schwächen und zu verderben.

Selbstverständlich merkt der „Laie" in solchen Dingen nicht, was sich in der Seele mancher Bischöfe vollzieht. Denn sie tun ihren Dienst wie eh und je, reden väterlich und „spielen" nach außen, wozu innen ihr Herz leider erkaltet ist.

Zeuge hierfür ist Jesus Christus selbst, der in einer Offenbarung an den Priester Don Ottavio folgendes von ihnen sagt:

„Feierlich tragen sie den Mantel einer salbungsvollen und heuchlerisch sanften Demut; es befinden sich am Rande des Abgrundes viele Bischöfe, obwohl sie ihre Treue zur Kirche beteuern; durch ihre Untätigkeit machen sie sich zu Mittätern Satans, des Meisters und Fürsten der Lüge; diesem selben Satan haben sie ermöglicht, sich überall einzunisten, vor allem in den Seminaren, in kirchlichen Universitäten, in religiösen Gemeinschaften, wo er zerstört, viele,

viele Seelen in den Irrtum und in Häresien führt; Seelen, die in meinem göttlichen Plan der Vorsehung auserwählt waren als kostbare, fruchtbare Keime künftiger Ernten; inzwischen sind sie Instrumente des Verderbens geworden; darum, mein Sohn, habe ich dir gesagt, den Jungen abzuraten vom Eintritt in Seminare, damit sie nicht zu reißenden Wölfen werden ...

Wie kann ich barmherzig sein gegenüber diesen Hirten, die verantwortlich sind für viele, viele tote Seelen? Sie haben keinen Finger bewegt, um so viel Böses zu verhindern."

In etlichen an die deutschen Bischöfe gerichteten Briefen und Schriften habe ich ihnen Vorschläge gemacht, an der Basis, also in den Pfarrgemeinden, mehr kämpferisches Christentum zu praktizieren und einen organisierten Feldzug gegen eine moralisch total vergiftete Umwelt zu führen.

Ich habe darauf hingewiesen, daß die Verhältnisse in den Medien, in der Presse und dem Fernsehen für uns Christen unzumutbar seien und wir uns energisch gegen sie zur Wehr setzen müßten.

An praktischen Beispielen habe ich ihnen vorgeführt, wie man diesen Kampf führen könne.

Eines solcher Beispiele, eine „RESOLUTION ALLER CHRISTEN AN ALLE RUNDFUNK- UND FERNSEHANSTALTEN", möchte ich auf der nächsten Seite anführen:

Aufruf

(In allen Sonntagsgottesdiensten zu verlesen)

Liebe Schwestern und Brüder unserer Pfarrgemeinde!

Heute liegt in allen Kirchen eine Resolution zur Unterschrift aus. Es ist eine RESOLUTION ALLER CHRISTEN AN ALLE RUNDFUNK- UND FERNSEHANSTALTEN DEUTSCHLANDS.

Wir Christen können uns vor Gott und unserem Gewissen sicherlich nicht länger erlauben, zu einer weiteren sittlichen Verwahrlosung unserer Umwelt Ja und Amen zu sagen. Wir haben schon lange, viel zu lange so gut wie tatenlos zugesehen, daß eine organisierte Gott- und Sittenlosigkeit unseren Lebensraum immer mehr verdunkelte, so daß wir uns heute in einem absoluten moralischen Tief befinden.

Einen großen Anteil daran haben die Massenmedien, deren Macht sich kaum jemand ganz entziehen kann.

Diese Tatsache fordert uns Christen dazu heraus, die Verhältnisse in den Massenmedien nicht länger hinzunehmen, wie sie sind, sondern ihnen in großer Entschlossenheit und Geschlossenheit den Kampf anzusagen.

Möge sich niemand seiner persönlichen Verantwortung entziehen, damit eine machtvoll organisierte und engagierte Christenheit von großem Gewicht unabweisbar in diese Debatte eingreifen kann.

Heute sind Sie alle dazu aufgerufen, sozusagen in einem ersten Akt dieses Kampfes mit Ihrer Unterschrift unter die RESOLUTION ALLER CHRISTEN AN ALLE RUNDFUNK- UND FERNSEHANSTALTEN DEUTSCHLANDS Ihren eigenen Beitrag zu leisten.

Diese RESOLUTION, für die Sie mit Ihrer Unterschrift eintreten, wird an alle deutschen Rundfunk- und Fernsehanstalten versandt. Ihren Wortlaut lesen wir an dieser Stelle vor, um die Unterschriftenleistung zu vereinfachen.

Euer Pfarrer (Dechant, Pastor)

RESOLUTION ALLER CHRISTEN AN ALLE RUNDFUNK- UND FERNSEHANSTALTEN

Sehr geehrte Intendanten und Verantwortungsträger!

Es gibt an unseren Empfangsgeräten zwar den Abstellknopf, aber Sie wissen auch, daß er nicht gewissenhaft und diszipliniert beherrscht wird.

Das Volk der Rundfunk-Hörer und Fern-Seher übt nur mangelhafte Selbstkontrolle. Es ergibt sich — im allgemeinen — recht unkritisch den guten wie auch den schlechten Einflüssen aus Hör- und Sehfunk.

Es ist erfreulich, daß Sie auch viele gute, anspruchsvolle, ja hervorragende kulturelle Darbietungen über den Äther in unsere Stuben senden. Doch kann man das Gesamtprogramm nicht allein von seiner positiven Seite her bemessen und beurteilen. Denn es gibt leider auch eine so überaus große Menge an Sendungen mit einem seichten, unmoralischen, verführerischen Gehalt, daß wir veranlaßt sind festzuhalten:

Was (bes.) durch das Fernsehen moralisch zerstört wird, das können Armeen von Seelsorgern nicht wieder gutmachen!

Wir können einfach nicht begreifen und sind entsetzt darüber, daß Fernsehverantwortliche es wagen, eine so verheerende Unmenge an Mord-, Gewalt- und Sexszenen in unsere Familien und vor die Augen und Herzen unschuldiger Kinder zu lancieren.

Rundfunk und Fernsehen sind zum Auffangbecken unseres Zeitgeistes geworden. Und der ist ja bekanntlich wohl nicht so ganz harmlos!

Eine unbeschreibliche Verantwortung lastet auf denen, in deren Händen und Möglichkeiten die Färbung und Richtung der Programme liegen.

Seien Sie sich bitte bewußt, daß es eine schweigende Mehrheit gibt, die bisher leider nicht zum Ausdruck brachte, was sie von speziellen Sendeangeboten des Rundfunks und Fernsehens hält, und wie sehr sie diese bedauert, verurteilt und mit Empörung ablehnt.

Nur weil so viel, so feige und so verantwortungslos geschwiegen und hingenommen wurde, konnten sich die dekadenten Zustände im Bereich der Massenmedien so ungehindert entwickeln.

Mit dieser Resolution erhält diese schweigende Mehrheit Gelegenheit dazu, ihre so lange verborgene und daher unfruchtbare Kritik zu artikulieren. Was sie in aller Entschiedenheit verlangt, heißt:

Rücksichtnahme auf christliche Gesinnung und Moral, auf christliche Eltern und auf alle Kinder und Jugendlichen!

Sie fordert uneingeschränkt:

Nur Sendungen ausstrahlen, die guten Einfluß ausüben und von jeder Familie unbedenklich akzeptiert werden können!

Das muß ebenso für die späten Abendstunden gelten. Jeder diesbezügliche Kompromiß kann für uns Christen nur eine Schande sein. Denn auch für christliche Erwachsene gibt es keine verantwortbare Offenheit für Schmutz und Schund sowie für alle Spielarten von Gewalt und Mord. Die Nachtstunden berechtigen nicht zu einem Billigtarif moralischer Verantwortung. Sie begründen keinerlei diesbezügliche Liberalität. Ohne ein hohes sittliches Niveau hat kein Volk Zukunft.

Sittlicher Niedergang ist für jedes Volk der sicherste Vorbote seines Unterganges.

In diesem so bedeutenden Zusammenhang stehen unnachgiebig diese unsere Forderungen: Kein Sex! Kein wildes Morden! Keine verbrecherische Gewalt! Nichts dergleichen mehr über die Massenmedien in unsere so kostbare Privatsphäre, wo mit einem einfachen Knopfdruck jegliche Behütung zarter Kinderseelen außer Kraft gesetzt werden kann!

Nichts, was die Moral untergräbt! Nichts, was die Würde

des Menschen verletzt! Nichts, was für Christen unzumutbar ist! Und nichts, was familiäre Harmonie und häuslichen Frieden stört!

Nicht länger dürfen die Massenmedien in ihrem heutigen Gepräge in so hohen Graden die Schule und Kinderstube des Volkes sein!

Es ist eine unabweisbare Pflicht der Christen, mit Mut, Klugheit und Einigkeit ein Bollwerk gegen die Einflüsse zu errichten, die in unsere Wohnungen und Familien eindringen, um dort religiöse und moralische Ordnungen zu zerstören. Wir Christen sind doch so zahlreich, daß wir uns nicht zu scheuen brauchen, mitzureden, Kritik zu üben, Forderungen zu stellen, Vorschläge zu machen, neue und bessere Programme zu inspirieren und selber mitzuwirken. An Qualifikation mangelt es uns doch nicht.

„Es muß eine Gesellschaft entstehen, deren Beziehungen, Prinzipien und Gesetze alle aus der Sittlichkeit hervorgehen — n u r a u s i h r!

Alle Überlegungen über Kindererziehung, Ausbildung, Erwachsenenarbeit, Freizeitgestaltung müssen sich aus den Forderungen der Sittlichkeit ableiten.“ (Solschenizyn)

Gemäß dieser Anschauung Solschenizyns müssen wir einen großen Teil z.B. der Fernsehunterhaltungssendungen als „den Forderungen der Sittlichkeit“ nicht entsprechend verurteilen.

Die Exhibition (Nacktdarstellung) als Bestandteil des normalen Fernsehalltags ist ein Mißstand katastrophalen Ausmaßes, gegen den wir Christen uns leidenschaftlich zur Wehr setzen.

Er ist zum Schrecken gutmeinender Eltern geworden, die ihre Kinder nur unzureichend vor den Verherrlichungen sünd- und lasterhafter Lebensführung schützen und bewahren können.

Wo wird die Gesellschaft enden, die sich alles erlaubt? Daß die Atombedrohung in unsere Zeit fällt, ist wohl kein Zufall!

Die Entscheidung über unsere Zukunft wird auf sittlich-religiöser Ebene gefällt!

Darum sind unsere Bemühungen von ausschlaggebender Wichtigkeit.

Leider wird das Volk durch tägliche, penetrante Reizüberflutung ständig unempfindlicher und in der Einstufung der wahren Werte immer urteilsunfähiger. So kommt es zu wachsender Passivität und unwidersprochener Hinnahme von Trivialitäten und Gemeinheiten im Rundfunk- und Fernsehangebot.

Durch die Macht tendenziöser Schlagwörter kommt es allgemein zu teils naiven Verharmlosungen und Fehleinschätzungen unserer tatsächlichen Situation in Welt und Kirche.

Ein Schlagwort, mit dem die große Masse, ob Christen oder nicht, bravourös hereingelegt wird, ist der Begriff „modern". Mit ihm wird ein schändliches Schindluder getrieben. Er scheint alle Abartigkeiten und Niedrigkeiten spielend integrieren und entschuldigen zu können.

Davon leben und profitieren die Massenmedien zum Schaden unzähliger Seelen, die dazu beitragen, das geistige Klima zu vergiften und dem Untergang Nahrung zu liefern.

Die Unmündigkeit der Massen ist die Basis ihres geistigen und moralischen Absinkens.

Gegen sie zu Felde zu ziehen, ist unsere Pflicht und Schuldigkeit. Setzen wir ihr den Mut zur Wahrheit und das Bekenntnis der unverschönten Wirklichkeit entgegen.

Es ist Tatsache, daß unsere Medien zu ärgsten Feinden einer soliden, seriösen und religiösen Erziehung geworden sind. Wie können wir Christen es vor Gott und unserem Gewissen verantworten, nicht alle Hebel in Bewegung zu setzen, solche Mißstände zu überwinden?

Wir appellieren daher an Sie, sehr geehrte Herren Intendanten und sonstigen Verantwortungsträger von Rundfunk und Fernsehen, unsere Sorgen und Forderungen zu verstehen und unverzüglich aufzugreifen.

Letztlich müssen doch die Kirchen und alle Rundfunk-und Fernsehgesellschaften an einem Strang ziehen, muß es doch beiden darum gehen, die inneren Kräfte des Volkes zu fördern als Voraussetzung zur Überwindung aller Vernichtungs- und Selbstvernichtungstendenzen und zur Erlangung eines weltweiten Friedens.

Eine grundlegende moralische Revision unserer Rundfunk- und Fernsehprogramme ist einer der wichtigsten Faktoren, die für das Wohl und Überleben unserer zeitgenössischen Gesellschaft von allerhöchster Bedeutung und absolut unerläßlich sind.

Sie ist ein Gebot der Stunde und erfordert Einigkeit und Gemeinsamkeit zwischen Ihnen, den verantwortlichen Vertretern des Rundfunks und des Fernsehens und uns deutschen Christen.

Für die Zielsetzung dieser Resolution treten alle Unterschriftleistenden mit Überzeugung ein.

Unterschriften:

Helmut Meyer
Josef Schmidt
Herbert Klein
Ilse Becker
Mathilde Helmich
Dr. Alfons Müller
Johann Schulte
Reinhard Möllers
Gertrud Lehmann
Hermann Wirth
u.a.

Außer einigen wenigen positiven und zustimmenden kurzen Antworten einzelner Bischöfe haben meine jahrelangen Bemühungen um mehr Kampf und Einsatz, um mehr Gebet und Anbetung u.a. in den Pfarreien nichts gebracht.

Auch ich muß das gleiche Urteil abgeben: „Sie haben keinen Finger gerührt, um so viel Böses zu verhindern."

Ich habe in der Hauptsache deswegen so oft an die Bischöfe geschrieben, weil es mir klar ist, daß es auf niemanden so sehr ankommt, was in unseren Gemeinden geschieht oder nicht geschieht, als auf die Bischöfe.

Leider haben sie mich sehr enttäuscht.

Wiederum rufe ich meinen Herrn Jesus Christus als Zeugen an, der in einer Offenbarung an Don Ottavio (Das Maß ist voll, Parvis-Verlag, S. 55) dieses anführt: „Die moderne Pastoral bringt nicht nur keine Früchte hervor wie der Feigenbaum im Evangelium, sondern sie hat beinahe alle Strukturen der bisherigen Kirche verdunkelt und beschmutzt, ja, sie hat die Linien, die ich ihr bei ihrer Geburt gegeben habe, verformt. Der Feind ist an der Wurzel aller materiellen, moralischen und sozialen Übel; Satan selbst ist es, der mit der Industrialisierung und der modernen Technik, die mit den großen Errungenschaften der Wissenschaft so übermäßig gepriesen werden, die tragische Täuschung, mit der er die ganze Menschheit verblendet hat, entlarvt, denn erst jetzt ahnt sie die große Gefahr, in der sie sich befindet, vor der Verschmutzung, die der ganzen Natur Tod und Zerstörung zu verursachen droht; Tod und Zerstörung für die Erde, die ich euch gegeben habe gemeinsam mit dem Vater; aber was bedeutet die materielle Verschmutzung bei der viel schwerwiegenderen Verschmutzung der Seelen?

Das Ziel des Feindes ist stets und bleibt stets dasselbe: der Ruin und der geistige und materielle Tod dieser von ihm durch Täuschung eroberten Menschheit, die er durch Gewalt, durch Kriege, Revolutionen und Tod unter seiner Tyrannei hält; wenn man es heute nicht erkennt, so ist es die Folge selbstverschuldeter, willentlicher Blindheit"....

„Wenn ich dich sehen lassen würde, wie es hinter der Fassade meiner Kirche steht, so würdest du augenblicklich sterben!"

Warum denn wohl diese Worte Jesu an einen Priester, anders, als daß sie verbreitet und bekannt werden, und damit wir uns nicht täuschen oder etwas vormachen, ja damit wir in das richtige Bild der Wirklichkeit, der Realiäten gesetzt werden?

Auch Lucia, die letzte Überlebende der Seherkinder von Fatima, schreibt unter dem 18. August 1940: „Die Furcht ist berechtigt; alles das wird geschehen, wenn unsere Würdenträger nicht auf die Aufträge unseres gütigen Herrn eingehen und um seine Barmherzigkeit und um den Schutz unserer lieben Himmelsmutter bitten."

„Aber es ist notwendig, weiterzubeten!"

Weil das Vordringlichste in der Befolgung der Fatima-Botschaft die Heiligung und Frömmigkeit der Priester selbst ist, weil sonst das ganze Gebäude der Rettung der Menschheit in sich zusammenstürzt, habe ich immer wieder an die deutschen Bischöfe geschrieben, in den Pfarrgemeinden Gebetsgruppen für die Priester zu gründen.

Aber bis auf verschwindende Ausnahmen haben die Bischöfe nicht mit einem Wort reagiert.

Natürlich habe ich aber auch kein einziges negatives Wort von ihnen gehört. Das zeigt, daß es keine Argumentation gegen meine so dringend notwendigen Aktivitäts-Vorschläge an der Basis geben konnte.

Man muß sich einmal anhand von konkreten Zahlen vor Augen führen, was es bedeutet, wenn allein das christkatholische Volk der Bundesrepublik die Ratschläge der Fatima-Botschaft befolgt hätte. Nehmen wir einmal an, von den etwa dreißig Millionen deutscher Katholiken würde auch nur der dreißigste Teil, d.h. 1 Million, den täglichen ganzen Rosenkranz beten, welche astronomische Zahlen kämen da, auf ein Jahr bezogen, heraus:

365 millionenmal: Im Namen des Vaters ...
365 millionenmal: Das volle Glaubensbekenntnis (Credo);
2 milliarden- und 190 millionenmal: Das „Vater unser"..
2 milliarden- und 555 millionenmal: „Ehre sei dem Vater";
19 milliarden- und 345 millionenmal: „Ave Maria" und

Betrachtung der Erlösungsgeheimnisse.

Wieviel Milliarden Akte der Anerkennung Gottes, der Anbetung, der Betrachtung, des guten Willens, der Sühne, der Selbstüberwindung und der Liebe!

Wenn aber nicht nur ein Dreißigstel aller bundesdeutschen Katholiken, sondern ein Zehntel oder gar ein Fünftel den vollen Rosenkranz beten würden, wir müßten die obigen Zahlen noch um etliches multiplizieren.

Und wenn nun die von der Gottesmutter angesprochene katholische Weltbevölkerung mitmachen würde? Welche Zahlen! Und nicht nur das: welche Macht!

Vergegenwärtigen wir uns dazu das angeführte Beispiel der betenden Frau unter der physikalischen, wissenschaftlichen Kontrolle: Energie = 55mal stärker als der stärkste amerikanische Rundfunksender!

Die Macht des Gebetes der katholischen Weltbevölkerung allein würde ausreichen, um keine einzige Atomrakete oder -bombe mehr zerplatzen zu lassen, um die Abrüstung perfekt in die Tat umzusetzen.

Kein Panzer würde auch nur einen Zentimeter auf feindlichen Boden vorstoßen!

Die Gebets-Armeen sind die einzigen Armeen der Welt, von denen überhaupt eine reelle Chance für den Weltfrieden ausgeht!

Wer Gebets-Armeen aufstellt, der ist der überlegene Stratege, der denkt wirklich zeitangemessen, nüchtern und realistisch. Daß alle anderen, defensiv oder offensiv ausgerichteten Armeen keinen Deut für den Frieden nützen, das bedarf keiner Erörterung. Die demonstrieren es allzu überzeugend!

Man kann dieses nicht denken, ohne daß einem bewußt wird, was die Mehrheit des Welt-Episkopates unterlassen hat.

Bei ihnen liegt ohne Zweifel die größte Verantwortung für unsere riskante Weltlage.

Sie war ja doch verhinderbar!

Jesus sagt (am 1. Januar 1976) zu Don Ottavio: „Die Bischöfe und Priester sollen über die Verantwortung nachdenken, die auf ihren Gewissen lastet.

Heilige Bischöfe und sehr gute Priester fehlen nicht, aber die lauen, die gleichgültigen, die voreingenommenen sind in der Überzahl."

Am 5. Januar 1978 sagte er zu dem gleichen Priester:

„Ein Thema, das ich besonders behandeln will, ist das fast gänzliche Fehlen von geistlichen Führern. Warum? Ich nenne einige Gründe:

1. Das Fehlen pastoraler Feinfühligkeit bei nicht wenigen Hirten.
2. Das Eindringen des Materialismus in alle Strukturen meiner Kirche, in Seminarien, reigiöse Orden und Klöster ...
3. Der Mangel an patristischer, aszetischer und mystischer Bildung.
4. Der große Mangel an innerlichem Leben mit der Folge der Unmöglichkeit und der logischen Unfähigkeit des Führens von Seelen, im schreienden Gegensatz zu den offensichtlichen Bedürfnissen der nach Wahrheit und geistlichem Aufstieg dürstenden Seelen ...

Wenn der Bischof ein heiligmäßiger Vorgesetzter ist, wird ihm die Weisheit nicht fehlen; ich sage: die Weisheit, die zugleich Intuition ist, Eingebung vom Heiligen Geist. Dieser wohnt in seinem Herzen, das gleichsam verzehrt wird vom Eifer, den Seelen alle nötige Hilfe zu geben, deren sie für den rechten Weg zum Ziel des Lebens, zur ewigen Glückseligkeit bedürfen. So wird der Bischof alle Mängel, Schatten und Bedürfnisse der Seelen seiner Herde, die er zu weiden hat, erkennen und alles Nötige vorsehen, wenn er feststellen muß, daß das Leben religiöser Familien im geheimen leidet, daß Lähmung zahlreiche Seelen und viele Gemeinschaften und Gebetsgruppen befallen hat, die sehr oft infolge Fehlens eines sicheren Führers in Verwirrung geraten.

Die erste große, von allen menschlichen und materiellen Interessen losgelöste Pflicht des Bischofs wird es sein, die besten Priester um sich zu scharen und sie zu guten Seelenführern auszubilden ...

Mein Wille ist es, daß die Bischöfe heilig seien.

Es ist Aufgabe der Bischöfe, eine weise und erleuchtete Pastoral zu entwickeln für die Priester wie auch für die Gläubigen ...

Ich brauche keine Wissenschaftler als Priester, ich benötige keine anmaßenden Theologen, aber ich benötige weise und heilige Priester, die sich ihrer priesterlichen Größe und ihrer priesterlichen Macht voll bewußt sind.

Die beginnende Läuterung wird bewirken, was die Torheit meiner Gottgeweihten zu tun nicht verstanden oder nicht gewollt hat."

Zu diesen und weiteren Zitaten aus den „Offenbarungen an einen Priester" möchte ich dieses hinzufügen: Die wenigsten Christen, und gewiß auch Priester, sind über die Existenz solcher Offenbarungen überhaupt unterrichtet. Viele werden sich, falls sie über sie informiert worden sind, ablehnend und naserümpfend verhalten. Sie stellen sich nämlich einfach auf den Standpunkt, daß über die Heilige Schrift hinaus nichts mehr verbindlich ist. Alles, was „sich" da „tut", geht uns, die wir doch „die Schrift" kennen und studiert haben, nichts mehr an. Sie haben recht, insofern, als die Lehre der Kirche abgeschlossen ist und nichts Neues hinzugefügt werden wird.

Das Heil der Seele ist mit dem unverbrüchlich gelebten Glauben an Jesus Christus und seine Kirche absolut sichergestellt. Jawohl, das stimmt.

Man darf aber nicht vergessen, daß es zwar den christlichen Glauben gibt, daß aber trotzdem eine Welt ohne Glauben „den Ton angibt", daß die Menschheitsfamilie in einer katastrophalen Gefahr schwebt, weil die Mehrzahl der Menschen und Christen im Sumpf des Unglaubens und der Unmoral steckt und Apokalypse ist. Es wäre nicht so, wenn die

Christkatholiken (sie besonders) die außergewöhnlichen Hilfsangebote der Gottesmutter, ihre Warnungen und Mahnungen, gehört und respektiert hätten, wenn sie und ganz besonders ihre pastoralen Führer Demut statt Hochmut besessen hätten.

Die Gottesmutter sagt zu Don Ottavio: „Wenn man auf mich gehört hätte, vor allem unter meinen Priestern und Gottgeweihten, würde Friede herrschen in der Welt; sie haben die große Verantwortung, Führer in der Welt, ihr Licht, Salz und Ferment zu sein, aber von diesen Dingen wissen die meisten sozusagen nichts mehr." (Das Maß ist voll, S. 42)

Im Vorwort des genannten Buches wird erklärt: „Menschliche Aussagen werden angenommen, aber man weigert sich hartnäckig, Botschaften Gottes anzuerkennen, ohne sich um die Prüfung ihrer Echtheit zu bemühen. Dieses Verhalten ist ebenso alt wie die Welt. Erweckte Gott je Propheten, denen man nicht mit Neid, Eifersucht, Haß und Feindschaft begegnet ist!

Es wäre eigenartig, wenn man Gott, wenn man Jesus, dem wahren Gott und wahren Menschen, heute das Recht, unter den Menschen zu leben, mit ihnen zu sprechen, wo und wann und mit wem er will, mit jenen, die er von Ewigkeit her auserwählt hatte, zugestehen würde."

„Ist denn etwas begreiflicher, als daß der Herr, der doch dazu wahrhaft mächtig genug ist, in seiner enendlichen Liebe seine Geschöpfe anspricht, die von so viel Dunkelheit umgeben sind und ‚das Licht der Wahrheit' so notwendig haben?

Mehr, als jeder Ertrinkende nach dem Strohhalm greift, sollen die Menschen sein Wort annehmen, auch wenn es nicht im Evangelium steht und nirgendwo nachzuschlagen ist."

„Jesus will, daß alle wissen und erfahren, was unsere entchristlichte Kirche erwartet. Das Maß ist voll, das Gefäß überfließt; der Abgrund ist nahe!

Die Menschheit geht rasch ihrer Selbstzerstörung entgegen, und Jesus will, daß keiner in der Kreuzesstunde, an die zu glauben sich viele hartnäckig weigern, sagen kann: „Ich wußte nichts von ihr."

„Derjenige wird nichts wissen von ihr, der willentlich nichts von dieser Stunde wissen wollte."

Man kann aus den „Offenbarungen an einen Priester" unendlichen Nutzen ziehen und eine große Menge verblüffender Erkenntnisse, z.B. über den Himmel, die Gemeinschaft der Heiligen, die „Armen Seelen" und den Tod, gewinnen.

Gerade das, was jeden Priester heiß interessieren müßte, das erfährt man in diesen Bänden, aber ausgerechnet die Priester (in ihrer Mehrheit) lassen die kostbaren Worte Jesu „links liegen".

Würden sie diese Worte in Demut und Dankbarkeit annehmen und verwerten, d.h. auch verbreiten, wieviel Frömmigkeit mehr würde es in der Christenheit geben!

Wenn Jesus Christus schon in seiner erhabenen Hochherzigkeit und Liebe mitten unter uns im Tabernakel wohnen wollte, warum sollte er sich nicht auch mit Worten an seine vielgeliebten Kinder wenden wollen?

Warum eigentlich will man das nicht wahrhaben und darüber nicht beglückt und beseligt sein?

Wie gut, daß Gott nicht nur schweigt!

Es gab zu allen Zeiten Offenbarungen Gottes, Propheten und andere bevorzugt Begnadete und Begabte.

Aber es gab noch zu keiner Zeit so viele Offenbarungen und Prophetien wie heute.

Es gibt dafür natürlich besondere Gründe, z.B. daß Gott uns auf seine nahende Wiederkunft vorbereiten will oder uns darüber informieren und beraten, was auf uns zukommt, und wie wir uns verhalten sollen.

Die Drangsal, die über uns kommen wird, kommt nicht von Gott, sie ist nur von ihm zugelassen.

Aber die Wende zum Guten, zu einer erneuerten Kirche, die wird von der Hand Gottes gelenkt.

Gott wird nicht zulassen, daß die Menschen selbst einen Schlußpunkt unter die Geschichte setzen. Das Ende der Welt ist allein Sache Gottes. Tag und Stunde liegen minuziös in seiner Vorsehung. Kein Mensch kennt diese Stunde!

Es gibt nichts Vernünftigeres, als in unserer bedrängten Zeit unser ganzes Vertrauen in die Hände Gottes zu legen. Wie Gott dem Noe die Sintflut vorhersagte und vorbereiten ließ, so sagte er uns heute an vielen Orten der verschiedensten Länder der Welt, daß der gesamten Menschheit eine außerordentliche Läuterung bevorsteht und wie wir uns darauf vorbereiten können, ja daß es möglich ist, sie erheblich zu mildern.

Gott in seiner unendlichen, unvorstellbaren Liebe läßt seine Kinder in der sich immer noch mehr verschärfenden Prüfung der Menschheit nicht im Stich.

Es ist nichts als Liebe, daß Gott uns in nie gekanntem Umfang auf die große Läuterung hinweist. Aber Christus hat gesagt: „Nicht ich habe diese Stunde gewollt!"

Denn wenn diese in der Menschheitsgeschichte einmalige schreckliche Katastrophe eintritt, wird sie die Folge einer Gott und die heiligen Gebote verachtenden Menschheit sein. Wir haben keine Ursache, Gott dafür anzuklagen, weil die Menschen sich dieses Strafgericht selbst zugefügt haben werden. Einzig diejenigen, die solche Offenbarungen und Prophetien ernst nehmen und entsprechend würdigen, sind Realisten.

Wer die vielen Offenbarungen Mariens, besonders in diesem Jahrhundert, richtig versteht, der sieht auch den guten Ausgang der Entwicklungen, die auf nichts anderes hinauslaufen als: „Am Ende wird mein Unbeflecktes Herz triumphieren!"

Gott ist der souveräne Herr der Geschichte. Er hat beschlossen, den Sieg über die Finsternis seiner Mutter, der Unbefleckten Empfängnis, anzuvertrauen.

Und wenn sie nach ewigem Ratschluß der Schlange den Kopf zertreten haben wird, dann ist auf alle Ewigkeit die

Zeit vorüber, in der es Sünde und Versuchung, Leid und Schmerz, Schlechtes und Böses, kurz eine der Vollendung bedürftige Welt gegeben hat.

Wir haben in der Tat Großes, Überwältigendes vor uns.

Die Gottesmutter sagt zu Don Steffano Gobbi (Marianische Priesterbewegung) am 1. Januar 1979:

„Vertraut meinem Unbefleckten Herzen! In meinem Herzen ist der Plan der barmherzigen Liebe meines Sohnes Jesus eingeschlossen, der die Welt zum Vater zurückführen will — zur vollkommenen Verherrlichung Gottes.

Die Welt ist nicht verloren, auch wenn sie jetzt auf der Straße des Verderbens und Selbstzerstörung wandelt. Durch eine Prüfung, die ich euch schon mehrmals angekündigt habe, wird sie am Ende durch einen Akt der barmherzigen Liebe Jesu, der euch dem Wirken euerer himmlischen Mutter anvertraut hat, gerettet werden.

Noch ist die Erde von Sünden bedeckt. Haß und Gewalt explodieren an allen Ecken und Enden, jeden Tag schreien die größten Verbrechen zum Angesicht Gottes nach Rache.

Aber da sind auch die Gebete der Guten, die Schmerzen der Unschuldigen, die verborgenen Leiden so vieler, die Tränen und die flehenden Bitten zahlreicher Opferseelen, die in allen Teilen der Welt zerstreut sind.

Ihretwegen habe ich die Zeit meines außerordentlichen Eingreifens beschleunigt.

Die Kirche, meine vielgeliebte Tochter, geht nun aus einer großen Prüfung hervor, denn der Kampf zwischen mir und meinem Widersacher hat sich auch an ihrer Spitze vollzogen.

Satan hat versucht, sich bis zur Bedrohung des Felsens, auf dem die Kirche gegründet ist, einzuschleichen; aber ich habe es ihm vereitelt.

Gerade als Satan sich einbildete zu siegen — nachdem Gott das Opfer Papst Pauls VI. und Johannes Pauls I. angenommen hatte —, habe ich von Gott für die Kirche den Papst erlangt, der von mir vorbereitet und geformt worden war.

Er hat sich meinem Unbefleckten Herzen geweiht und mir die Kirche feierlich anvertraut, deren Mutter und Königin ich bin. In der Person und im Werk des Heiligen Vaters Johannes Pauls II. erstrahlt mein großes Licht, das umso stärker werden wird, je mehr die Finsternis alles bedecken wird."

Wie die Mutter Gottes andeutet, haben die Freimaurer versucht, einen Kardinal aus ihren Reihen auf den Papstthron zu befördern. Diese Gefahr geht aus vielen Weissagungen hervor. Wir können uns freuen, daß ihnen das nicht gelungen ist. Das hat die „Schlangenzertreterin" verhütet.

Schon Anna Katharina Emmerich hat solche schlimmen Zustände im Vatikan, bzw. in der Kirche, vorhergesagt.

Es mag auf der einen Seite gut sein, daß diese Zustände in ihrem wirklichen Ausmaß verborgen bleiben, auf der anderen Seite verlangt es die Würde und Ehre des Christen, voll aufgeklärt zu sein über alles, was unsere Kirche betrifft.

Dem interessierten Glied der Kirche kann es nicht gut dünken, daß in diesem Punkte so sehr mit der Wahrheit „hinter dem Berg gehalten" wird.

Denn zur Mitverantwortung gehört die Information.

Verschleierung innerkirchlicher Realitäten ist wie das Zudecken eines Misthaufens mit Gebetbüchern.

Es gibt im Raum der Kirche manche unliebsame Realität, die man aber besser nicht „unter den Tisch kehrt", sondern ehrlich aufgreift und zur Sprache bringt. Wenn das aber etwas nützen soll, so gibt es hierfür nur eine Adresse: die Bischöfe!

In diesem Sinne habe ich des öfteren gehandelt und mich an die deutschen Bischöfe gewandt.

Nachstehend möchte ich mich selbst zitieren (siehe Seite 160).

„Appell an die Deutsche Bischofskonferenz“

Maria Himmelfahrt 1984

Verehrte Kardinäle und Bischöfe!

Zu Beginn des Jahres 1982 erlaubte ich mir, Ihnen eine Resolution mit einem Friedens-Aktionsmodell zuzusenden. Von Ihrem Sekretariat erhielt ich die Antwort, Ihr Vorsitzender, Herr Josef Kardinal Höffner, „habe meine Überlegungen sehr positiv und zustimmend beurteilt“ und werde sie in die Deutsche Bischofskonferenz einbringen.

Seither sind mehr als zweieinhalb Jahre vergangen, aber die Lage ist heute nur noch verzweifelter geworden, ein Zeichen dafür, daß innerkirchliche Entwicklung und Aktivitäten nicht den Stand erbracht haben, der der Lage angemessen ist und die Situation hätte verbessern können, und daß der „Mangel an Frömmigkeit und Gebet weit verbreitet und die Fähigkeit verkümmert ist, Religiösität im Brauchtum und in äußeren Zeichen zum Ausdruck zu bringen“. (Kardinal Volk, Salzburger Hochschulwochen 1984). Im allgemeinen muß man unzweifelhaft von einem religiösen und moralischen Tiefstand reden. Weil dieser bisher nicht überwunden wurde, und solange er nicht überwunden ist, bemühen sich unsere Politiker vergeblich um den von allen Menschen ersehnten Frieden. Derselbe ist nämlich politisch allein niemals erzielbar.

Wir dürfen nicht vergessen, daß Gott der absolute Herr der Geschichte ist und daß er für den äußeren Frieden immer Vorbedingungen stellt, für die aber nicht oder weniger die Politiker als besonders die geistlichen Führer verantwortlich sind.

Nichts hat so viel Gewicht für den Frieden, als was diese tun oder unterlassen.

Darum erlaube ich mir abermals, an Sie zu schreiben:

Die mehrheitlichen Verhältnisse in unseren christlichen Gemeinden bieten Einsicht und Erklärung dafür, daß wir Christen im allgemeinen, was unsere Friedenspflichten anbelangt, schwer versagen. Darüber kann auch nicht hinwegtäuschen, daß in vielen Gemeinden eine rührige Geschäftigkeit herrscht. Man muß auch bedenken, daß z.B. soziales Engagement noch längst nicht Religion zu bedeuten braucht.

Ein anderes Engagement tut dem Weltfrieden not und zwar ein solches, welches der gigantischen Auseinandersetzung unsichtbarer Mächte gerecht wird, die wir heute erleben, und die sich in den Weltverhältnissen widerspiegelt.

Wir leben in außerordentlichen Zeiten, unter außerordentlichen Verhältnissen, und darum wird von uns auch Außerordentliches gefordert.

Denn „Krisen in der Kirche werden nie durch Abschwächung, sondern stets durch Intensivierung des Glaubens überwunden!" (Volk, Salzburger Hochschulwochen 1984)

Das heißt: Unser Engagement muß den Rahmen des zu normalen Zeiten Üblichen, Gewohnten, übersteigen.

Dazu ist es leider bis jetzt nicht gekommen. Es wird schon lange die allerhöchste Zeit, daß alle unsere christlichen Gemeinden in geschlossener Formation heißen Herzens Sturmgebete zum Himmel senden, in großen Scharen Herz-Jesu-Freitage und Sühnesamstage zum Unbefleckten Herzen Mariens halten, den Rosenkranz öffentlich und privat beten, in häufiger Folge regelmäßig Anbetungsstunden einrichten und einiges mehr. Aber wo geschieht dieses wirklich, und wo wird hierfür eine entschiedene, unablässige und überzeugende Propaganda betrieben? Und warum geschieht dieses nicht?

Muß man nicht offen und ganz ehrlich zugeben, daß ein diesbezügliches Versagen der Gemeinden wesentlich mit dem inneren Zustand des Klerus zusammenhängt? Sicherlich gibt es auch noch gute und vorbildliche Priester, aber es sind deren nicht genug, als daß sie den weit verbreiteten

Abwärtstrend aufhalten könnten. Sie „geben leider nicht den Ton an."

Was wir zur Überwindung der grauenhaften atomaren Menschheitsbedrohung in allererster Linie brauchen, das sind heiligmäßige Priester und erst recht Bischöfe. Dieser Punkt nimmt auf der Rangliste der Vorbedingungen für den Weltfrieden die erste Stelle ein.

Seine Nichtbeachtung beschwört unweigerlich größte Gefahren für die Menschheit herauf, bzw. hat sie bereits heraufbeschworen.

Priester, die aus falschem Ehrgeiz und maßgeblich auf den Fortschritt, ein anderes Wort für Materialismus, setzen und die ratio überbetonen, tragen bereits den Bazillus des Abfalls in sich.

Das christliche Volk kann nicht gut sein, wenn seine Priester und Bischöfe nicht noch viel besser und frömmer sind. Was wir für die Priesterförderung und -heiligung unterlassen, das muß letztlich zu tragischen Folgen führen. Wenn die drohende Katastrophe wirklich eintritt, wird sie zu einem großen Teil durch unverzeihliche Unterlassungen und Glaubensinkonsequenzen so vieler Priester ermöglicht worden sein.

Wir können uns für den Frieden nur effektivst einsetzen, wenn wir dafür sorgen, daß in unseren Gemeinden gute, kraftvolle Priesterpersönlichkeiten als leuchtende Vorbilder vorangehen und wirken. Es ist im Interesse des Weltfriedens eine ausschlaggebende Notwendigkeit, auf das zu schauen, was unsere Priester für den Frieden tun oder nicht tun.

Sie hatten es z.B. mit der Anerkennung und Befolgung der Fatima-Botschaft in der Hand, der Menschheit ein besseres XX. Jahrhundert zu erwirken, als es wirklich eingetreten und Geschichte geworden ist. Sie haben nicht in dem Sinne gehandelt und nicht bedacht, wieviel Macht und Einfluß auf die Entwicklung der Geschichte gläubige, betende, sühnende, demütige Seelen haben können. (Alttestamentliches

Musterbeispiel: Ninive!)

Um eine solche Macht, einen solchen Einfluß auf die konkrete politische Wirklichkeit ging es in Fatima.

Die Fatima-Forderungen (1917) richteten sich, durchaus rein irdischen Realitäten entsprechend, gegen den in seinem Anfangsstadium stehenden Kommunismus, viel mehr aber gegen das größte Reich der Geschichte, das sowjetische Imperium, das sich einmal daraus entwickeln könnte, und damit gegen die organisierte Ausbreitung der Gottlosigkeit.

Ebenfalls waren sie darauf gerichtet, den Zweiten Weltkrieg erst gar nicht entstehen zu lassen.

Es ist für alle Menschen dieses Jahrhunderts tieftraurig, daß die in Fatima erschienenen, zukunftsorientierten himmlischen Autoritäten eine so unerhört frivole Abfuhr und Ignorierung erfuhren. Dadurch wurden der Entwicklung des atheistischen Kommunismus als einer Geißel der Menschheit alle Tore geöffnet.

Der Gebets- und Sühnefeldzug, der all das Schlimme dieses Jahrhunderts hätte verhüten können, wurde vereitelt, bzw. kaum verwirklicht.

Man sollte von ihnen (den Bischöfen) fordern, daß sie in ihrem Verständnis von Mystik nicht völlig voneinander abweichende Meinungen vertreten, daß nicht die einen als „Spinnerei“ bezeichnen, was die anderen als hohe Offenbarung erkennen. Immerhin „ist die Mystik nichts weniger als die Trägerin vieler religiöser Höchstleistungen vergangener Jahrhunderte“. (Josef Lortz)

Ist es denn nicht untheologisch, vor nachprüfbaren mystischen Ereignissen die Augen zu verschließen? Und ist es wissenschaftlich ehrenhaft, den bekannten und gefürchteten Vorurteilen über dieses Thema durch strikte Ablehnung aller Mystik vorzubeugen, um so den Anschein eines nüchternen, wissenschaftlichen Nimbus zu demonstrieren?

Unterdrückung der Mystik ist der falsche Weg, um der Kirche zu dienen. „Mystik ist immer wesentlich persönliche

Frömmigkeit" (Lortz). Sie fördert die Demut, ihre Ablehnung ist vielfach grober Hochmut. Die Kirche selbst, der „mystische Leib Jesu Christi", ist ein mystisches Großereignis, eine nie versiegende Quelle tiefster Geheimnisse. Es kommt immer darauf an, welche Wahrheit auf mystischem, also geheimnisvollem Wege an das Licht befördert werden soll. Ihnen gegenüber haben wir uns zu verantworten. Gott tritt nicht in außerordentlicher, geheimnisvoller Weise „in Erscheinung", um von den Menschen unbeachtet bleiben zu wollen. Denn es gibt keine echte Mystik ohne den jeweiligen Initiator Jesus Christus, unseren Herrn und Gott.

Wo sich Mystisches kundtut, ist es in jedem Falle geboten, in Demut zu prüfen, aber natürlich zu prüfen. Denn das ist gerecht, Ehrensache und Pflicht. Sind „Erscheinungen" und das, was sie aussagen, ernstzunehmen und realitätsbezogen, und bieten sie sogar der so bedrohten Menschheit Hilfe an, so gibt es keine Entschuldigung dafür, über sie hinwegzugehen. Das tun doch auch nicht alle großen Päpste seit Fatima und andere Persönlichkeiten höchsten Ranges, und schon gar nicht einmal das gläubige Volk, von dem es doch heißt: „Vox populi, vox Dei!"

Und als wichtigstes Argument, welches für (natürlich echte!) „Erscheinungen" spricht, ist dieses: Wer nicht zu ihnen steht, der müßte genau dasselbe tun, was in den „Erscheinungen" gefordert wird: nämlich aus seinem Glauben heraus ein angemessenes Gebets- und Sühneprogramm entfalten, welches der Rettung der Menschheit vor der realistischen Gefahr eines Dritten Weltkrieges und eines infernalischen Weltunterganges dient. Unterlassen zu tun, was durch die „Erscheinungen" gefordert wird, ist dasselbe, wie zu unterlassen, das zu tun, was die Christen heute in ihrer Mitverantwortung für die Menschheit zu leisten verpflichtet sind. Es sind nichts als Zeichen der größten Liebe, wenn den Menschen in ihrer heutigen Situation und Gefahr von höheren Mächten und Gewalten unter die Arme gegriffen wird. Wer die Vorgänge in Lourdes und Fatima usw. verfolgt und kennt, der muß doch erkennen, daß hier nichts anderes geschieht als ein Anschauungs- und Nachhilfeunterricht darüber, was zu tun ist, um aus den gegenwärtigen gefährlichen Zuständen auf der Welt herauszufinden. Ignoranten, die über dieses interessante, hochanspruchvolle Gebiet ein großes Wort führen, haben nur eine laienhafte Ahnung von den ihnen nur nicht einleuchtenden Realitäten, sonst würden sie sich nicht so unqualifiziert und unfachgemäß äußern.

Durch die fast völlige Beiseiteschiebung mystischer Aktualitäten wie z.B. Leben und Schauungen Anna Katharina Emmerichs und Therese Neumanns hat man sich ein seelsorgerisch und erzieherisch wirkungsvollstes Thema zum Schaden vieler Seelen entgehen lassen. Was Gott zu tun beliebt, nämlich durch solche Mystiker erleuchtete Einblicke in viele Geheimnisse des Glaubens zu gewähren, das sollte man lieber nicht mit allzu klugen Argumenten als ganz und gar unwichtig abtun.

Doch Erscheinungen hin, Erscheinungen her, inhaltlich fordert unser Glaube mit ihnen (z.B. La Salette, Lourdes, Fatima, Amsterdam, Marienfried betreffend) Konformität.

Da es von La Salette an bis heute in allen maßgeblichen „Erscheinungen" stets um die Hervorbringung einer gewissen Gebets- und Sühnekapazität als Vorbedingung für göttliche Hilfe geht, müssen sich in allen Fällen die Bischöfe und Priester zuallererst angesprochen fühlen. Ohne deren überzeugende Einlassungen und Initiativen, und ohne ihr persönliches Vorbild ist eine Mobilisierung der Christenheit in diesem Sinne nicht möglich. Darum ist die Verantwortung, die alle Bischöfe und Priester auf sich nehmen, wenn sie eine solche Mobilisierung verhindern anstatt mitzumachen, unbeschreiblich. Sie sind auch jetzt die Schlüsselfiguren für das, was die Zukunft für die Menschheit bereithält. Ihre bisherigen Unterlassungen, gleichbedeutend mit der nicht hervorgebrachten Gebets- und Sühnekapazität, haben weltgeschichtliches Format.

Nicht zu verstehen ist auch die Duldung, bzw. Anordnung der Handkommunion durch die deutschsprachigen Bischöfe.

Meine Frage lautet: „Ist die in Deutschland und einem kleinen Teil der Welt übliche (im größeren Teil der Welt verbotene), von Papst Johannes Paul II. streng abgelehnte Handkommunion unter Abwägung aller theologischen Bedenken noch länger und weiterhin zu verantworten?"

Ohne jeglichen Zweifel ist die eucharistische Brotgestalt oft so locker und brüchig gebacken, daß sich kleinere Partikeln bei mancher Kommunionsausteilung lösen und, bemerkt oder unbemerkt, von der Hand fallen. Unser Glaube lehrt aber, daß im kleinsten Teil der ganze Christus enthalten ist. (Thomas von Aquin: „Wird die Hostie gespalten, zweifle nicht, laß Glauben walten, jedem Teile bleibt erhalten doch des Ganzen Vollgehalt.")

Wenn aber kleine Partikelchen auf den Boden fallen, so wird in der Tat Jesus Christus in seiner eigenen Kirche mit Füßen getreten. Kann uns christkatholischen Menschen das wirklich kalt lassen und gleichgültig sein? Haben wir nicht die vor Gott unabweisbare Liebespflicht, durch ausschließliche Mundkommunion diesem furchtbaren Übel abzuhelfen!

Schließlich verlangt die Ehrfurcht vor dieser größten Kostbarkeit, Gott selbst, doch auch von jedem Priester die gewissenhafte Purifizierung seiner Finger über dem Kelch nach der heiligen Kommunion.

Und, so möchte ich fragen, wissen denn die Bischöfe nichts von den schändlichen Mißbräuchen der Handkommunion, bei denen das Brot des Lebens nicht verzehrt, sondern totaler Mißachtung preisgegeben wird?

Um wie vieles ehrfürchtiger ist doch das Mundkommunizieren knienderweise an der Kommunionbank als bei der wie am Fließband ablaufenden schnellen, die so wichtige Sammlung nicht ermöglichende, Massenabfertigung der Handkommunizierenden!

Auf jeden Fall verlangen die schwerwiegenden Mängel der Handkommunion eine Überprüfung der Frage, ob sie für die allgemeine Praxis wirklich erlaubt sein kann."

So weit einige Zitate aus meinem „Appell an die Deutsche Bischofskonferenz".

Wie Sie, alle deutschen Katholiken, wissen, hat sich bisher in Deutschland in diesem gar nicht so unwichtigen Punkt noch gar nichts geändert.

Man fertigt die Kommunizierenden weiterhin so ab, als handele es sich um eine ganz gewöhnliche Speise. Durch die Abschaffung der Kommunionbänke hat man es außerdem organisiert, daß niemand mehr vor seinem Herrn und Gott die Knie beugt.

Das sind einfach traurige Zustände in unserer heiligen Kirche!

Eigentlich dürfte kein getaufter und gefirmter Christkatholik ihnen tatenlos zusehen.

Wenn schon die Bischöfe auf meine, vertrauensvoll und vertraulich an sie gerichteten, Briefe und Schriften in ihrer Mehrheit kaum reagieren, dann muß ich leider erkennen, daß mein Bemühen, auf vertraulichem Wege kirchliche Fragen aufzugreifen, keinen Sinn mehr erbringt.

Es ist außerdem auch ganz und gar nicht unkatholisch, wenn ich nunmehr coram publico katholische Mitverantwortung demonstriere.

Durch meine Taufe und meine Firmung bin ich dazu legitimiert.

Dieses möchte ich jedoch dazu bemerken:

Die Haltung und das Verhalten des Episkopates in dieser apokalyptischen Zeit ist ein immerhin sehr beachtliches kirchengeschichtliches Faktum. Dies bedarf selbstverständlich einer freimütigen Erörterung ohne jedes Ressentiment.

Wohl ist auch dieses zu bedenken:

Kaum einer hat es heute so schwer, seiner Verantwortung für die Menschheit gerecht zu werden, keiner wird so massiv und so bösartig vom Teufel angegriffen wie sie.

Ihre Schwäche und das geringe Maß von Felsen, das viele von ihnen darstellen, sind Teil und Zeichen der Apokalypse. Ein völlig intakter Welt-Episkopat hätte die Apokalypse unmöglich gemacht.

Das Gebet für die Bischöfe muß ein Grundanliegen aller Gläubigen sein.

Es muß für jeden Gläubigen erlaubt sein, über die Bischöfe nachzudenken, ihnen besondere Aufmerksamkeit zu schenken, ihre Bedeutung zu sehen und gewisse Erwartungen an sie zu stellen.

Kardinal Faulhaber

„Ecce sacerdos magnus!“

Für die Kirche Christi ist der Bischof von jeher unersetzlich. Auf ihn kommt es heute ganz besonders an; auf seine Entschiedenheit und seinen Mut, auf seine Frömmigkeit und sein Vorbild, auf seine Unbeirrbarkeit und seine Klarheit.

Jeder Bischof muß heute mehr denn je Fels sein. Wo er versagt, versagt eine Armee Gottes. Aber er darf nicht allein gelassen werden in diesem gigantischen Kampf der Letztzeit. Er braucht Gefährten, Priester wie Laien, die mit ihm seine Herde hüten, bewahren, führen. Erst in der Solidarität kann er sein Amt voll verwirklichen, in der Solidarität vor allem auch mit dem Gros der Kirche, dem Volk der „Laien“.

Dessen Substanz gilt es zu nützen. Wieviel Interesse, Tatkraft und guter Wille und auch wieviel vitale, schöpferische, konstruktive geistige Produktivität wartet in diesem Volke, ans Licht gehoben und zur Teilhabe an der Hierarchie berufen und gewürdigt zu werden! Wieviel ungehobene Schätze könnten das Mitarbeiter-Potential der Bischöfe erweitern und verstärken!

Eine beachtliche Zahl der besten, profiliertesten christlichen Persönlichkeiten, die für die Kirche ein wirklicher Schatz sein könnten, bleiben aus den verschiedensten Gründen in der ungenutzten Reserve. Etwa weil sie nicht auf ihr Mittun angesprochen werden, noch gar nicht entdeckt oder auch keine persona grata sind, weil sie vielleicht lange gehütete Tabus anzurühren wagen oder unbequeme Wahrheiten und Zustände offen anzusprechen den Mut haben.

Aber gerade solche Leute sind für die Kirche Gottes lebensnotwendig, denn ohne sie käme ja niemals der so dringende, immer wieder notwendig werdende Prozeß der Selbstreinigung in Gang. Sie sind es, die die Räder einer guten Entwicklung in Bewegung setzen. Sie werden auch, und vielleicht gerade, heute gebraucht.

Denn es wird die höchste Zeit, daß christliche Persönlichkeiten auf den Plan treten und dazu anregen, endlich Schluß zu machen mit dem abgründigen Kurs der Anpassung und der Kompromisse. Mit solcher Halbheit, Schwachheit, Kraftlosigkeit wird das Christentum ausverkauft und seiner Fundamente beraubt, ja wird der Weltfriede verhindert.

Denn der ist nur durch disziplinierten Kampf und ein festes Programm zu erringen, allerdings auch nur dann, wenn dieser Kampf von einer großen, lückenlosen Solidarität getragen wird. So müßten ernsthafteste und aussichtsreichste Pläne für eine Friedensentwicklung wieder in der Versenkung verschwinden, wenn auch nur die eine Solidarität fehlen würde: die der Bischöfe.

Deshalb ist es eine vorrangige Aufgabe heutiger Bischöfe, Mittelpunkt aller christlichen Friedensinitiativen zu sein. Denn sie sind die Erstverantwortlichen für ihre gläubige Herde. Und ohne diese große Herde und ihre Mitbeteiligung an den Friedensinitiativen ist Weltfriede ein absurder Gedanke.

Es kommt ganz entschieden darauf an, daß die Bischöfe ihren Gläubigen heute das abfordern, was dem Ernst der Lage entspricht und worauf es ankommt, wenn das abgewendet werden soll, wovor die Menschheit mit Recht zittert. In der heutigen Zeit die Christen und Gläubigen mit Forderungen zu verschonen, das ist der sicherste Weg zu Abfall und Untergang!

Die dramatische, eine maßlose Tragödie ankündigende Weltlage in schonungsloser Wahrhaftigkeit zum Maßstab seiner Verkündigung und seines Wirkens zu machen, das läßt den Bischof zu einem echten Felsen werden, der zu sein er vor Gott und der Welt berufen ist.

ENTSCHEIDUNG FÄLLT AUF SITTLICH RELIGIÖSER EBENE!

Ich werde sie auch um der zehn willen nicht vernichten

So viel Theorie auch immer über unsere Weltlage, ihre Hintergründe und Ursachen, ihre Probleme und Überwindung entwickelt wird und wurde, die Eskalation geht weiter, die Vernichtungskapazitäten sind bis ins Uferlose gesteigert. Eine wirkliche Situation der Hoffnung ist nahezu noch undenkbar, was immer auch an spektakulären Abrüstungsvorschlägen von Gorbatschow zur Verblüffung des Westens unterbreitet wurde. Eine wirkliche Umkehr zu Ruhe und Entspannung bleibt vorerst eine unrealistische Wunschvorstellung.

Es sieht noch immer böse auf der Welt aus.

Innerhalb eines einzigen Jahres wird auf der Welt für Rüstung und Verteidigung mehr als eine Billion DM ausgegeben.

Die Verhältnisse in der Hungerbekämpfung sind hingegen beschämend.

„Ein halbes Prozent der jährlichen Verteidigungsausgaben der ganzen Welt würden ausreichen, alle benötigten landwirtschaftlichen Geräte zu finanzieren, um alle Länder der Welt zu Selbstversorgern in der Nahrungsmittelproduktion zu machen." (Ala Geier in „Zumutungen des Friedens", Rowohlt-Verlag)

Es sieht ganz klar danach aus, daß den Menschen die Fähigkeit des Friedenstiftens absolut abhanden gekommen ist.

Außerdem sind ihnen die Möglichkeiten dazu fast völlig verbaut. Rein menschlich, psychologisch und intellektuell gesehen, ist die Lage wirklich hoffnungslos verfahren. Da gibt es nichts mehr zu hoffen. Zum Zurück ist es zu spät.

Die heutige Lage konnte nur entstehen, weil Gott die Menschen gewähren ließ.

Er hätte es sehr gut verhindern können, daß unsere Wissenschaftler an das Tor des Erkennens gelangten, wie man eine A-Bombe erfindet und herstellt.

Auch in dieser Hinsicht geschieht ja nichts ohne den Willen oder die Zulassung Gottes.

Selbstverständlich hätten die Wissenschaftler in der Erkenntnis, daß sie vor der Versuchung standen, etwas Unverantwortliches zu tun, das Tor der Erkenntnis früh genug selbst wieder zuschlagen können.

Sie taten es nicht und erlagen einer unaussprechlich schicksalsschweren Versuchung. Doch ist es ungerecht, sie allein verantwortlich zu machen für das nun mögliche „Aus" der Existenz des Menschengeschlechtes.

Schuld daran ist viel mehr der religiös und sittlich am Boden liegende Mensch des XX. Jahrhunderts. Jeder einzelne des großen Millionenheeres von religiös und moralisch versagenden Zeitgenossen hat somit negative Geschichte gemacht.

Denn Politiker können nur die Vernunft aufbringen, nur den Erfolg haben, nur die Entscheidungen treffen, die letztlich im sittlich-religiösen Niveau ihrer Völker grundgelegt sind. Gott läßt keinen Untergang zu, wenn er nicht schon religiös und sittlich vorgezeichnet ist.

Gott will nicht das Unglück, kein Elend und Chaos der Menschheit.

Die Entscheidung, ob ein Atomkrieg über die Menschheit kommt oder nicht, fällt auf religiös-sittlichem Gebiete.

Schauen wir daher nicht so sehr auf das, was unsere Politiker und Militärs tun und planen, sondern auf das, was wir tun und wie wir leben, wessen Geistes Kinder wir sind.

Zäumen wir am richtigen Ende auf!

Wichtiger denn je ist es, sich das Zwiegespräch Abrahams mit Gott in Sachen Sodoma und Gomorrha vor Augen zu führen. Es ist so bedeutend, daß ich es an dieser Stelle zitiere:

„Abraham sprach zu Gott: ‚Willst du wirklich den Gerechten zugleich mit dem Gottlosen umkommen lassen? Vielleicht gibt es in der Stadt fünfzig Gerechte. Willst du sie wirklich mitvertilgen oder nicht lieber den Ort verschonen um der fünfzig Gerechten willen, die darin sind? Es liege dir fern, so zu handeln, daß du den Gerechten mit dem Gottlosen wegraffst und es dem Gerechten ebenso ergeht wie dem Gottlosen! Das liege dir fern! Sollte der Richter der ganzen Welt nicht Gerechtigkeit üben?‘

Da antwortete der Herr: ‚Fände ich in Sodoma fünfzig Gerechte in der Stadt, so wollte ich dem ganzen Ort um ihretwillen vergeben.‘

Abraham aber begann von neuem und sprach: ‚Ich habe mich nun einmal unterfangen, zum Herrn zu reden, obwohl ich nur Staub und Asche bin. Vielleicht fehlen an den fünfzig Gerechten noch fünf. Willst du wegen dieser fünf die ganze Stadt zerstören?‘

Er antwortete: ‚Ich will sie nicht zerstören, wenn ich dort fünfundvierzig finde.‘ Darauf redete er abermals mit ihm und sagte: ‚Vielleicht finden sich dort nur vierzig.‘

Jener erwiderte: ‚Auch tue ich es um der vierzig willen nicht.‘

Da sagte er: ‚Ach, zürne nicht, Herr, wenn ich nochmals rede! Vielleicht finden sich nur dreißig dort.‘

Er entgegnete: ‚Ich will es auch nicht tun, wenn ich dreißig dort finde.‘

Da sagte er: ‚Ich habe mich nun einmal unterfangen, zum Herrn zu reden! Vielleicht finden sich nur zwanzig dort.‘

Er antwortete: ‚Ich werde sie auch um der zwanzig willen nicht vernichten.‘

Nun sagte er: ‚Ach, Herr, zürne nicht, wenn ich nur noch diesmal rede! Vielleicht finden sich dort nur zehn.‘

Er erwiderte: ‚Ich werde sie auch um der zehn willen nicht

vernichten.‘

Hierauf ging der Herr sogleich nach Beendigung des Gespräches mit Abraham weg. Abraham aber kehrte nach Hause zurück.“

Wir wissen aus der Schrift, daß Schwefel und Feuer auf Sodoma und Gomorrha niedergingen und daß diese Städte vernichtet wurden.

Die Entscheidung dazu wurde von den Menschen gefällt. Sie lebten diese Entscheidung durch ihre Sünden und ihre Gottlosigkeit herbei. Sie ernteten, was sie gesät hatten.

Es waren der Gerechten zu wenige.

Wir Menschen des ausgehenden XX. Jahrhunderts können, wenn wir wollen, aus dem Schicksal Sodomas und Gomorrhas die entscheidende Lehre ziehen.

Werden wir es tun? Es scheint, daß wir zum Überlegen und Zaudern nicht mehr sehr viel Zeit haben.

Leben heute noch zehn Gerechte? Diese Zahl darf man natürlich bei einer Weltbevölkerung von ca. fünf Milliarden nur symbolisch verstehen.

Wieviel Gerechte muß es heute auf der Welt geben, damit sich Gott unser erbarmt? Bei einer ehrlichen, realistischen Betrachtung dieser Zeitverhältnisse, die von so viel Porno, Sex und Gewalt geprägt sind, in der die Kirchen (und Beichtstühle!) immer leerer, die Priester immer weniger werden, könnte oder müßte man glauben, daß die satanische Gegenkirche längst den Sieg davongetragen hat. Und ehrlich zugegeben: Was tun wir, die wir glauben und wünschen, auf der Seite Gottes und der Gerechten zu stehen, denn auch schon wirklich und engagiert, um den diabolischen Sieg des Bösen über das Gute zu verhindern, um unserer Zeit wieder ein christliches Gepräge zu geben?

Was wir tun können und müssen, das ist hoffentlich jedem Leser dieses Buches vollends klar geworden.

Die Schar der Guten, die sich heute gegen das uns überflutende Böse unter Einsatz ihrer besten Kräfte auflehnt und entschiedene Abwehr sowie konstruktive Gegenleistungen organisiert, muß schon aus technischen Gründen ziemlich groß sein, weil der von ihr geführte Kampf sich auf den gesamten Erdkreis bezieht.

Denn der Untergangs-Bazillus hat sich längst auf der ganzen Welt ausgebreitet. Man sieht die Spuren eines gleichen destruktiven, ja diabolischen Einflusses überall auf der Welt. Der moralische und religiöse Wiederaufbau, der Sieg der Gerechtigkeit und des Friedens fordern kategorisch eine universelle Solidarität.

Und hier zitiere ich Helder Camara:

„Für die Annäherung zwischen Osten und Westen (sozialistischer Welt und westlicher Welt) und für die Annäherung zwischen Norden und Süden (entwickelter Welt und unterentwickelter Welt) wäre es von großer Bedeutung und für die universelle Solidarität entscheidend, brächten alle Religionen mehr, viel mehr auf als gegenseitige Achtung, innere Entwaffnung, guten Willen.

Das Ideal wäre es, fänden sich alle Religionen zusammen zu einem gemeinsamen Programm und konkreten Aktionen im Dienste der Gerechtigkeit und des Friedens, im Dienste der Entwicklung und der universellen Solidarität."

Weil zu lange gewartet wurde und zu wenig geschehen ist, um eine so entsetzlich dekadente Entwicklung wie die gegenwärtige auf der Welt aufzuhalten, darum sind die heute gestellten Aufgaben an die Menschen guten Willens und guten Geistes ins Unermeßliche gewachsen.

Aber sagen wir nicht, die Schlacht sei verloren, es sei jetzt endgültig alle Chance vertan!

Bei Gott: das stimmt nicht!

Aber: es liegt bei uns, d.h. ob wir genug Liebe, Glauben, Vertrauen, Mut, Tatkraft und Ideen besitzen, um am Ende dieser endzeitlichen Schlacht als Sieger hervorgehen zu können.

Möchten die Guten, die Gerechten auf der Welt doch alles aufbieten und sich über alle Grenzen von Ländern, Völkern, Rassen, Nationen, Hautfarben und Religionen hinweg in großherzigster Manier verhalten, wie es sich als Kinder des großen Gottes ziemt, auf daß sich die Zahl der Gerechten bis zu jener magischen Höhe vermehrt, die Gott für das Geschenk des Weltfriedens als unerläßlich ansieht!

Diese Zahl ist ein Geheimnis.

Sie wird von Gott nicht höher angesetzt sein, als was der gute Wille der Menschen zustandebringen kann.

Sieht Gott den guten Willen der Menschen, so gilt manches im Ansatz begonnene Werk als die vollendete Tat.

Denn Gott ist die Barmherzigkeit!

Unverzeihlicher Skandal

Die rapide Abwärtsentwicklung der letzten Jahrzehnte war nur möglich, weil die Christen sie ohne kämpferischen Widerstand hingenommen haben. Eine radikale Veränderung dieser Situation ist eine fundamentale Voraussetzung für den Frieden.

Es ist ein für die Christen unverzeihlicher Skandal, daß sie im großen und ganzen die gewaltigen Mengen geistigen Giftes kampflos dulden und hinnehmen, die pausenlos, an jedem Tag und zu jeder Stunde, durch die modernen Medien auf jeden einzelnen, auf jede Familie und somit auf all die herrlichen, unschuldigen Kinderseelen rücksichtslos niederprasseln.

Wieviel Zeit haben wir bereits ungenützt und verantwortungslos verstreichen lassen, um all den unmoralischen Produzenten und ihren verseuchten und verseuchenden Produkten den entschiedenen Kampf anzusagen, um mit größter ziviler Tapferkeit das dämonische Unwesen in Presse, Medien und Moral niederzukämpfen!

Warum gründen wir nicht unverzüglich und mutig in jeder

Pfarrei aktive Kampftruppen, die programmgemäße, konstruktive, positive Aufbauarbeit leisten? Es muß u.a. gelingen, daß die große Käufergruppe der Christen diktiert, was in ihrem Umkreis gedruckt und vertrieben werden soll.

Nehmen wir ohne Unterlaß kritische Stellung zu gewissen Rundfunk- und Fernsehsendungen. Wenn unsere Meinungen und Forderungen von überall her, aus allen Gemeinden, wie ein Raketenfeuer auf die verantwortlichen Programmgestalter der Rundfunkanstalten niedergehen, dann kann einfach die geistige Umweltverschmutzung durch die Medien nicht fernerhin in so menschenrechtsverletzender Weise wie bisher weitergehen.

Eine einige, mutige Christenheit hat die Plicht und Möglichkeit, moralische Macht auszuüben. Doch das geht nur in der organisierten Solidarität.

Sie hat vor Gott nicht das Recht, die Sodoma- und Gomorrha-Zustände unserer Zeit zu dulden.

Denn diese Zustände haben die inneren Kräfte unserer christlichen Gemeinden ausgehöhlt, haben viele Priesterseelen zu Lauheit und Halbheit verführt, die Gottesdienste vielfach zu einem reinen Formalismus degradiert und die Frömmigkeit und Glaubenstreue der großen Masse aufgelöst.

Darum müssen wir in Punkto Volksmoral den härtestmöglichen Kampf führen. Tun wir allein dieses nicht, so ist der Untergang, ist die totale Vernichtung nur noch eine Frage der Zeit.

Als Anwalt für Sauberkeit der Medien wollen wir an dieser Stelle Bing Crosby zu Wort kommen lassen. In einer Botschaft an die Welt rief er zu einem verantwortlichen Fernsehprogramm auf:

„Kürzlich lag ich fünf oder sechs Wochen im Spital und hatte viel Zeit und Muße, um mir das Fernsehprogramm anzusehen.

Dabei wurde mir bald klar, daß die Regisseure und Produzenten langsam und in unauffälliger Weise immer mehr

Nacktheit, Permissivität, Unverantwortlichkeit, heikle Dialoge, Unterstellungen und Roheiten in die Programme einfließen lassen. Von moralischem Verantwortungsbewußtsein ist kaum etwas zu merken.

Ich mag die Zensur nicht leiden, und ein weiteres Wort, das mir gar nicht gefällt, ist der Boykott; aber das Fehlen der ersten wird mit Sicherheit zum zweiten führen. Tatsächlich bestehen schon im ganzen Land kleine Gruppen, die etwas unternehmen wollen, bevor es zu spät ist.

Ihnen möchte ich etwas sagen: Wenn sie sich vereinigen und so zu einer landesweiten Organisation (von 15 - 16 Millionen Mitgliedern) werden, wenn sie den Firmen, die im Fernsehen Reklame machen, zu verstehen geben, daß sie ihre Produkte nicht mehr kaufen werden, wenn die Programme nicht gesäubert werden, dann werden sie ein sensationelles Aufsehen erregen.

Ein Bürger kann auf der Straße sagen und tun, was er will, solange er kein Gesetz übertritt, aber niemand würde ihm erlauben, in eine Familie einzudringen und pornographische Filme vorzuführen.

Niemand kann wollen, daß seine Kinder täglich so etwas zu sehen bekommen, denn das kann nur Schaden stiften.

Ich bin überzeugt, daß die Familie die Grundlage einer gesunden Gesellschaft darstellt. Eine in sich geschlossene Gemeinschaft und ein geeintes Volk wiederum schaffen eine starke Nation. Und deshalb wünsche ich, daß die verantwortlichen Personen aus der Geschäftswelt, die gesunde Prinzipien haben, ihren Einfluß geltend machen, damit solche schändlichen Programme ausgemerzt werden.

Als ich kürzlich diesen meinen Standpunkt dem Leiter einer Fernsehanstalt darlegte, erhielt ich zur Antwort: ‚Was wollen Sie? Wir beschränken uns darauf, das Leben so zu beschreiben, wie es ist.‘

Ich fürchte aber, man ist dabei, das Leben so zu beschreiben, wie es sein wird, wenn solche Leute nicht in ihre Schranken gewiesen werden.“ (Sunday Visitor, 30. 10. 1977)

Bemerkenswert und nachahmenswert sind z.B. die Initiativen einer älteren englischen Dame namens Mary Whitehouse, die auf der Liste berühmter englischer Frauen an dritter Stelle neben Königin Elizabeth und Margret Thatcher steht.

Sie hat es sich zur Aufgabe gestellt, die Massenmedien zu überwachen, und sie tritt als „öffentlicher Wachhund“ ständig in Erscheinung.

Sie sieht sich selbst als eine Anführerin der schweigenden Mehrheit.

Sie kämpft und predigt ununterbrochen gegen den Schmutz und Schund. Sie klagt Fernsehen, Radio, Film, Theater, Presse und Verleger in England an, mit unmoralischen Produkten die Jugend zu verführen und die Alten zu verderben. Auch ist sie der Ansicht, daß dadurch den Kommunisten und Atheisten die Wege geebnet werden.

Im Namen der „National Viewers and Listeners Association“ mit etwa 20000 Mitgliedern vertritt sie den guten moralischen Geist.

Sie behauptet, daß fast die ganze Nation hinter ihr stehe.

Sie besitzt den Mut und die Nerven dazu, Verweise, Drohungen, ja selbst Gerichtsvorladungen an alle diejenigen zu versenden, die gemäß ihrer Vorstellungen gegen „Anstand und guten Geschmack“ verstoßen.

Sie sieht in der Sexbefreiung der sechziger Jahre eine unheilvolle Entwicklung, die entschieden bekämpft werden müsse.

Eine große Menge an namhaften Journalisten, Schriftstellern, Regisseuren, Theaterdirektoren, Zeitungsherausgebern, Fernsehleuten, Richtern und Parlamentsmitgliedern sind von ihr angeschrieben, wenn nicht angeschrien worden.

Rang und Stand, Alter und Würde, alle Barrieren fallen, wenn sie im Dienste der Menschheit in Aktion tritt.

Sie hat für ihre Sache wichtige Prozesse gewonnen und die Annahme eines Gesetzesentwurfes gegen Herstellung und Verkauf von pornographischen Kinderbildern durchgesetzt.

Die Liste ihrer Erfolge ist lang.

Hinter ihr stehen auch freiwillige Briefschreiber, Helfer, Bittschriftenunterschreiber und Plattformredner.

Unter Führung von Mary Whitehouse haben sie die Massenmedien geschickt manipuliert und beträchtlichen öffentlichen Einfluß gewonnen.

Viele titulierte Häupter haben sich zur Ehrenmitgliedschaft bereiterklärt und so das Ansehen dieser moralischen Bewegung gestärkt, ohne direkt und aktiv mitzuwirken.

Mit diesem Hinweis auf den Einsatz einer einzelnen Frau mit so weitreichenden Wirkungen und Erfolgen soll zugleich der Beleg erbracht werden, wie notwendig, sinnvoll und erfolgversprechend die Begründung und der Ausbau eines Presse- und Medienapostolates sind.

Mary Whitehouse weist mit ihren Aktivitäten doch nur darauf hin, was wir alle, die wir die schweigende Mehrheit darstellen, nicht tun, aber zu tun hätten, wie feige wir sind, weil wir uns als eine so überwiegende Mehrheit einem so schändlichen Sex- und Pornodiktat einer solchen miserablen Volksminderheit beugen, ohne im geringsten unsere bessere Gesinnung in die Waagschale zu werfen.

Diese Mehrheit ist aber nicht schlecht, sie ist nur katastrophal schwach und inaktiv.

Man muß sie einer besseren Einfluß-Sphäre aussetzen und die so unmoralische ausmerzen. Das heißt, Kritik und Kampf gegen einen Film und eine Presse, die die niedersten Instinkte hemmungslos ausnutzen und der Jugend kriminelle und sexuelle Leitbilder und Idole vorsetzen, denen sie ahnungslos erliegt.

Denn sie sieht noch nicht den Zusammenhang zwischen dem Auftreten der Atombombe in dem Ablauf der Geschichte und der ebenso auf das Krepieren der (intakten) menschlichen Gesellschaft gerichteten Sexbombe.

Der Schritt des Menschen in die Möglichkeit seiner Vernichtung durch Nuklear-Energien ist das Ergebnis ohnmächtiger Schwäche in der Stunde einer gigantischen Versuchung des allzu einseitig auf Wissen und Technik ausgerichteten Menschen. In die Reihen der in ihren Laboratorien fasziniert arbeitenden und forschenden Techniker und Wissenschaftler hat sich unbemerkt eine diabolische Eminenz eingeschaltet, die hier eine Möglichkeit witterte, den gehaßten Menschen, das Geschöpf Gottes, in den Abgrund zu stürzen.

Ist unsere Zeit denn nicht weniger von dem Uranium und seiner Spaltung als von dem Geist eines schwachsinnigen Ehrgeizes gekennzeichnet, der darauf hereingefallen ist?

Dieser Zusammenhänge muß man sich jederzeit bewußt sein, wenn man die Menschen aus ihrer fatalen Lage befreien will. Und man muß ihnen klar und deutlich vor Augen halten, daß der Geist, der ihr Tun und Lassen bestimmt, über die Zukunft der Menschheit entscheidet.

„Nicht eine technische Entwicklung, sondern Gott ist Herr über Sein und Nichtsein. — Wenn Gott und seine Macht anerkannt wird, und wenn seine Gebote bedingungslos befolgt werden, geht die Katastrophe ungeschehen an uns vorüber. Eine wirkliche Abrüstung würde dann möglich werden, die diese speziellen offenbarungsgemäßen Verhältnisse von uns nehmen würde.

Es gibt für uns keine Zwangsläufigkeit, die eine bestimmte Zeit für das angekündigte Geschehen unabhängig von unserem Verhalten festlegt.“ (Bernhard Philberth: „Christliche Prophetie und Nuklearenergie“)

Die Zukunft kommt nicht als irgendetwas Neutrales auf uns zu, wir zimmern sie uns durch unser Verhalten selbst.

Der Pansexualismus und die Pornokratie unserer Tage signalisieren ohne Zweifel das Bevorstehen von Chaos und Schrecken.

Gottesliebe, Nächstenliebe und eine reine Gesinnung, würden sie vom Volke wirklich gelebt, könnten uns über unsere Zukunft mit Sicherheit beruhigen.

Warum denn wohl würde der italienische Kommunistenführer Berlinguer eine wegen der Bewahrung ihrer Herzensreinheit zur Märtyrerin und Heiligen gewordene Maria Goretti zum Vorbild hinstellen? Ja, das hat er getan.

In diese Richtung also geht die Aufklärungsarbeit, die am Volke massiv zu leisten sein wird, wenn man seine Rettung allen Ernstes ins Auge faßt.

Das „A und O" für all diese Aktivitäten ist natürlich die Motivation. Darum sei an dieser Stelle klar herausgestellt, daß auf keinen Fall die Angst vor uns bedrohenden Schrecken der Zukunft die primäre Triebfeder sein darf (wobei allerdings zugegeben werden muß, daß auch alle Bemühungen zur Abwendung großen apokalyptischen Unheiles ein großer Liebesdienst an unzähligen Schwestern und Brüdern auf aller Welt sind).

Die stärkste Motivation sollte darin bestehen, die gerechtere Ordnung aller Dinge herzustellen, mit anderen Worten, dem großen Gott und Schöpfer den richtigen Stellenwert zu geben, ihn an die erste Stelle zu rücken, ihm die Ehre, die Liebe, das Lob und den Dank zu erweisen, die ihm gebühren, unbeeinflußt von der Angst.

Der Mensch ist von der Liebe für die Liebe geschaffen.

Lebt er diese Liebe für die Liebe, so wird sein ewiges Glück und sein Lohn die Liebe sein.

Diese gerechte Ordnung bietet die Gewähr dafür, daß der Mensch aufhört, die gütige Vorsehung Gottes zu durchkreuzen, die stets nur das Beste für uns Menschen vorsieht.

Die traurigen Disharmonien auf diesem Globus: Kriege, Revolutionen, Terror, Overkill sind reines Menschenwerk, inspiriert allerdings von finsteren Mächten.

Ein Ausweg aus jeder Lage, auch der verstricktesten, ist und bleibt immer möglich. Dafür bürgt die Liebe Gottes.

Jede äußere Wende ist jedoch von einer inneren Wende abhängig.

In seiner Vorsehung knüpft Gott an die Zustände in unserem Inneren an. Diese können ihm nicht gleichgültig sein, schon aus Achtung vor dem Menschen, dessen innere Entwicklung seiner Freiheit unterstellt ist. Gott läßt die Menschen Kriege machen, wenn sie das wollen und wenn diese Kriege in ihrem Inneren vorgezeichnet sind.

Aber er läßt sie auch Frieden stiften, wenn sie den wollen und wenn der Friede in ihrem Inneren vorgezeichnet ist.

Sind die Menschen im Frieden mit Gott und suchen sie dessen Ehre, so ist die wichtigste Voraussetzung für den äußeren Frieden gegeben.

Aber letztlich sind es immer einzelne, wenige, die jeweils maßgeblich eine Entwicklung herbeiführen. Es sind positive oder negative Persönlichkeiten, die mit einer Flamme der Liebe oder einer Flamme des Hasses so stark erfüllt sind, daß sie das Feuer der Liebe oder des Hasses in anderen entzünden und verbreiten.

Und wie es heißt: „Wachet und betet, damit ihr nicht in Versuchung fallet“, so müßte es auch heißen: „Wachet und betet, damit ihr nicht von dem Feuer einer bösen Täuschung oder gefährlichen Überzeugung versucht werdet!“ Dieses Feuer geht immer um. Darum ist es für jedermann sehr wichtig, sich mit all den Strömungen auseinanderzusetzen, die aus dem Lager von Politik und Irrlehre auf ihn zukommen.

„Darum prüfet alles; was gut ist, das behaltet“, sagt Paulus. Erwäget wohl, wem ihr euere Stimme gebet!

Steht zu denen, die guten Einfluß auf Glaube und Moral ausüben.

Wehrt euch gegen unheilvolle Einflüsse, gegen alle Subkultur und raffinierte Verführung!

Seid mutig und keine schweigende Mehrheit, die alles hinnimmt und duldet, obwohl sie anders denkt und sich in ihrer Ehre gekränkt fühlt.

Das Volk wird aufhören, schweigende Mehrheit zu sein, sobald es genug mutige Individualisten gibt, deren Proteste Wellen schlagen, die im Namen der Menschenwürde keine Instanz mit einer Anklage oder Drohung verschonen, die gegen gute Sitten verstößt oder die Ehre der Christen mißachtet.

Es ist sicher: Dieser Zustand läßt sich organisieren, wenn nur nicht alle resignieren, aber einzelne handeln und eine „Vorreiterrolle“ übernehmen.

Die Basis muß genutzt werden, um in einem wesentlichen Punkte des bürgerlichen Alltags ein wichtiges Wörtchen mitreden zu können, nämlich in dem, was an Werten und Unwerten Tag für Tag auf die Menschen aus ihren „Flimmerkisten“ niederprasselt.

„Kirche und Christen können daher der nach Orientierung, Werten, Lebenssinn tastenden Gesellschaft am besten dadurch ein Beispiel geben, daß sie sich selbst den Aufgaben der Zeit stellen; daß sie die konkrete Geschichte annehmen und nicht schwärmerisch aus ihr auswandern; daß sie die widerständige Welt nicht hoffnugsfroh im Feuer der Eschatologie untergehen lassen, sondern sich als ‚Friedensstifter‘ in dem, was ist, bewähren.

Den Medien kommt eine unerhört wichtige Bedeutung zu. Keine gesellschaftliche Gruppe kann gegen ihre Meinungsbildung angemessen gegensteuern.

Es muß die Frage erlaubt sein, ob nicht gerade durch manche Sendungen der öffentlich-rechtlichen Anstalten Grundwerte wie Treue, Toleranz eher demontiert als gestützt werden.“ (Kultusminister Prof. Dr. Hans Meier, Präsident des Zentralkomitees der deutschen Katholiken in „Weltbild“ vom 6. Juni 1978)

Hans Meier sagt im gleichen Artikel auch: „Die Sorge für ein vernünftiges, sinnvolles Leben ist Aufgabe aller Bürger. — Ernst machen mit den Grundwerten fordert von allen gesellschaftlichen Kräften Konsequenzen — von den Medien, von den Gewerkschaften, von Kirchen, von Verbänden!“

In all diesen Aktivitäten um eine gute Moral und einen starken Glauben als Voraussetzung für den Frieden und die Harmonie unter den Völkern darf nicht die Defensive, die Abwendung negativer Produkte und Einflüsse das einzige

Trachten sein. Vielmehr müssen die eigenen, richtungsweisenden, schöpferischen Beiträge im Bereich von Presse und Medien ein immer größeres Feld einnehmen und durch die Wucht und Vernunft ihrer Argumente den unerwünschten Einfluß kontinuierlich verdrängen.

Aus diesem Grunde muß man ein Netz der fähigsten und besten Journalisten und Schriftsteller schaffen.

Doch ist es mit diesen Schreibern allein nicht getan. Das moralische Niveau wird ja nicht und keineswegs von ihnen allein bestimmt.

Denken wir an die Musik und den Gesang, die im Dienste der Unmoral eine so beherrschende Rolle spielen.

Unsere heutige Gesellschaft ist sich leider noch gar nicht bewußt geworden, wie sehr sie in den letzten Jahrzehnten ein Spielball eines minderwertigen Geschmacks geworden ist.

Allzu unkritisch tut sie so, als seien die Produktionen insbesondere der heutigen leichten Muse entwicklungsgeschichtlich die einzige und unabänderliche Möglichkeit gewesen. Daß man vom rein künstlerischen und geschmacklichen Standpunkt aus an vielem, was uns da frei Haus geliefert wird, etwas auszusetzen haben könnte oder gar schwere Bedenken anmelden müßte, das ist den allermeisten gar nicht aufgegangen. In ihrer Meinungsbildung sind die meisten Zeitgenossen ja heute gar nicht mehr frei.

Die Meinung des Volkes z.B. in punkto U(nterhaltungs)-Musik wird durch eine pausenlos und allerorten auf die Menge einhämmernde Werbung der Medien und Schallplattenindustrie erzeugt. Das Volk kommt vor lauter Angeboten in und außer Haus, gewollt oder ungewollt, von Band oder Platte, von Radio oder Rekorder nicht mehr zum Nachdenken. Es wird einfach „überfahren".

Was es in dieser Hinsicht sieht und erlebt, das scheint ihm eben als „unsere Zeit", die wie eine Naturgewalt über uns gekommen ist mit all ihren Erscheinungen.

Insbesondere aber ist es die Jugend, die man als Opfer

dieser zeitgemäßen Werbung ansehen muß. Sie ist viel zu jung und unerfahren, um die zeitgenössischen musikalischen Produktionen richtig einzustufen und bewerten zu können.

Die Erzeugnisse dieser (Unterhaltungsmusik-)Industrie werden ihr angepriesen und vorgegaukelt als typische Spiritualität der Jugend, als zeitgemäß und als Fortschritt.

In dieser Manier wird die Jugend belogen und um hohe, echte Werte betrogen. Im Gewande sogenannter moderner Musik und Songs wird unauffällig der gleiche Geist zu Markte getragen wie derjenige, der an unseren Kiosken augenscheinlich hervortritt.

Musikalische Aussagen enthalten trotz ihrer nicht exakten Sinn- und Wertbeweisbarkeit ein weitgefächertes Wertspektrum.

Eine jede Musik kommt ihrem Wert, ihrem Geist und ihrer Tiefe nach in den Seelen der Menschen zu entsprechender Geltung und Wirkung.

Auch Musik kann wie das Wort Gutes und Böses anstiften. Sie kann sowohl die edelsten, erbauendsten, ethisch beflügelndsten als auch die häßlichsten, destruktivsten, unmoralischsten Saiten im Inneren der Menschen zum Erklingen bringen. Und auch die (typische U-)Musik unserer Tage identifiziert den Geist, der für unsere Zeitverhältnisse ausschlaggebend ist.

Ist es denn vielleicht nur ein Zufall, daß die Ohr und Seele gleichwohl strapazierenden und schädigenden Lärmverursacher wie Düsenjäger, Überschall, Raketen, Bomben u.a. ebenso typisch für unsere Zeit sind wie die durch Lautverstärker zu einer gesundheits- und gehörschädigenden Phonhöhe gepreßten Klangerzeuger unserer modernen Unterhaltungs-Ensembles??

Kann man ihre Produkte wirklich noch mit Musik bezeichnen?

Und diejenigen, die sich dazu hergeben, lärmverursachende Geräte und Instrumentarien zu bedienen, kann man sie tatsächlich noch Musiker nennen?

Mögen sie technisch noch so brillant sein, wenn sie keine Ästhethen sind, darf man sie noch Künstler nennen?

Wenn Lärm und Rhythmus die ausschlaggebenden Elemente sind, und wenn das geisterzeugende Element der Melodie in die Bedeutungslosigkeit verdrängt wird, wird dadurch nicht jedes anständige Niveau völlig begraben?

Man muß sich ernsthaft fragen: „Wie konnte es nur hierher kommen?“

Wer hat den nervtötenden Lärm in unsere Zeit hineingebracht und ihn zu einem beherrschenden Faktor selbst der modernen Unterhaltungsmusik gemacht?

Ist der Lärm denn nicht zu einer hohen Belastung für den Menschen unserer Zeit geworden, und stellt er nicht einen hohen Tribut dar, den wir für die Erfolge der Wissenschaft und Technik zu leisten haben?

Und will das denn gar nicht aufhören und nur noch immer schlimmer werden mit diesem Lärm?

Nehmen die Menschen das denn alles einfach unbegrenzt und unbegrenzend hin? Wo sind die Leute, die hier endlich die Wahrheit sagen, die keine Angst davor haben, als rückständig hingestellt zu werden, wenn sie bekennen: „Lärm und Musik das sind unverträgliche Gegensätze“?

Und wo sind die Leute, die einmal öffentlich erwägen, ob denn der Lärm nicht wohl ein diabolisches Zeichen ist?

Ist er nicht in seiner Qual für die Menschen ein echter Ausdruck satanischen Hasses auf den Menschen, das Ebenbild Gottes?

Der Mensch als Ebenbild Gottes hat ein Recht darauf, solche Fragen zu stellen. Denn kraft dieser Ebenbildlichkeit kann er diese Erde mitgestalten und sich destruktiven Entwicklungen widersetzen. Die Qual des Lärms braucht er nicht als der Weisheit letzten Schluß anzusehen.

Und wenn der Mensch beim Tiefflug der Düsenjäger erschreckt in die Knie geht und vom plötzlichen Knall beim Durchbrechen der Schallmauer einen wahren Schock erlebt, dann sollte er sich bewußt sein, daß diese Entwicklung, die Wissenschaft und Technik eingeschlagen haben, in eine falsche Richtung geht.

Der Lärm sollte uns zu denken geben!

Durchkreuzt er denn nicht die gütige Vorsehung Gottes?

Stellt er nicht eine krasse Disharmonie in der Harmonie des Weltalls und der friedlichen, gottgeschaffenen Natur mit ihren unzähligen Wundern dar?

Wiegt der mit so viel Lärm verbundene technische Fortschritt seine nachteiligen, kaum ertragbaren Nebeneffekte auf?

Und hat der Mensch sich diesem unheimlichen Fortschritt überhaupt gewachsen gezeigt, wo doch seine stärksten Bemühungen in Richtung Vernichtungswaffen gehen?

Ist es nicht tausendmal besser, mit dem Lärm keinerlei Bund einzugehen?

Auch sollte man sich fragen, ob denn der überdimensionierte Lärm nicht bereits ein Teil, ein Zeichen und ein Vorbot künftigen Chaos' ist.

Kann es für die Menschen und unter Inkaufnahme und Beibehaltung eines sich erwartungsgemäß noch eskalierenden Lärms überhaupt einen Weg in eine harmonische Zukunft geben?

Und muß sich die große Masse von fünf Milliarden Menschen dem anhaltenden Trend in Wissenschaft und Forschung nach noch mehr Lärm und noch mehr „Fortschritt“, nach noch mehr Waffen und noch größerer Vernichtung denn widerstandslos preisgeben?

Lassen sich denn keine Gegenkräfte mobilisieren, die aus der Kraft des Glaubens und der Moral die Lebensinteressen der fünf Milliarden wirkungsvoll vertreten?

„Kampf dem Lärm!“ würde eine der wichtigsten Parolen solcher Gegeninitiativen sein. Würde nämlich auf alles in der Welt verzichtet, was mit übertriebenen Lärm verbunden ist, so könnte die Menschheit um vieles glücklicher werden.

Ein Ausdruck einer solchen Gegeninitiative könnte es

sein, den unbotmäßigen Lärm aus der modernen U-Musik zu verbannen und ihn mit überzeugenden Argumenten zu entlarven als eine nervenbelastende, gesundheitsschädliche, gehörschwächende künstlerische Abart, die eines jeden Musikers unwürdig ist.

Es gibt inzwischen „jede Menge" an medizinischen, psychologischen, statistischen Nachweisen über die verheerenden Folgen solcher Musik, womit die Vernunft der Menschen „bombardiert" werden könnte, auf daß endlich eine vernünftigere Entwicklung auf diesem Gebiete Platz greife.

Da die Menschen praktisch auf jeden Trend, auf jede Mode „hereinfallen", warum sollen sie sich nicht einer bewußt gesteuerten, vernünftigen, positiven Entwicklungsrichtung bereitwillig öffnen?

Die Zukunft der Menschen wäre nicht hoffnungslos, die Menschheit brauchte nicht zu resignieren und zu verzweifeln, wenn entsprechende Gegenkräfte mutig ans Werk gingen und initiativ würden. Unverzüglich!

Der Ruf dazu dürfte aber nicht lauten: „Proletarier aller Länder vereinigt euch!", sondern: „Ihr gläubigen, moralischen Kräfte aller Länder schließt euch zusammen!"

So etwas ist keine Utopie. Das läßt sich organisieren. Voraussetzung dazu: eine aus moralischer und gläubiger Grundhaltung inspirierte fortlaufende, weltweite Presse-Kampagne!

Ihre Finanzierung ist im Vergleich zu dem Rüstungs- und Verteidigungshaushalt der großen Mächte ein glattes Kinderspiel. Der nämlich verschlingt an einem Tag mehr, als was eine moralisch fundierte Presse-Kampagne kostet.

Die Rüstung, das ist ein gefährliches, destruktives, negatives Bemühen, ein die Existenz der gesamten Menschheit aufs Spiel setzendes Wagnis durch Vernichtungs-Überkapazität, ein Zeichen der Angst und des Selbsterhaltungswillens und letztlich mehr der Schwäche als der Stärke.

Damit ist der Fünfmilliardenblock der Menschheit ganz

und gar nicht einverstanden. Darum würde er den Anstrengungen einer moralischen Aufrüstung durch Presse und Medien seine volle Sympathie und Solidarität bezeugen.

Davon kann man ausgehen. Denn die Völker der Welt sind nicht so unvernünftig wie die Kräfte und Initiatoren, die die Entwicklung bis an den Rand des Unterganges getrieben und geführt haben.

Entscheidend ist, daß die Völker der Welt durch bewußte Führung und Anleitung aus ihrer passiven Rolle befreit werden.

„Diese Probleme können nur gelöst werden, wenn die Autorität Gottes, des Schöpfers und Lenkers des Menschen und der ganzen Welt, voll anerkannt wird ... Mit Schrecken nehmen die Menschen wahr, wie die durch technische Mittel freigelegten Kräfte zwar dem Fortschritt dienen, nicht minder aber auch zum Verderben der Menschen führen können.

Darum mögen sie beherzigen, daß geistige und sittliche Werte vor allen anderen den Vorrang haben müssen, soll der wissenschaftliche und technische Fortschritt nicht zur Vernichtung des Menschen führen, sondern dem kulturellen Aufstieg dienen." („Mater et magistra" — Johannes XXIII.)

In einem solchen Sinne und Zusammenhang muß es ein weltweit wirkendes und wirksames Presse- und Medienapostolat geben, damit es Macht und Einfluß ausübt zum Wohle der Menschheit.

Da nämlich wäre ein bloß innerweltlicher Humanismus fehl am Platze.

Hier muß die Wahrheit das Fundament, die Gerechtigkeit das Ziel sein und die Liebe alles umfassen.

Und es müssen die Grundsätze echter Humanität mit der Lehre des Evangeliums in Einklang stehen.

Christus auf der Bühne des Moskauer Staatstheaters

Wie tief der christliche Glaube in der russischen Volksseele auch heute noch verankert ist, dafür gibt es ein ergreifendes Beispiel, welches in einem großen Bildband mit dem Titel „Millionen in Rußland glauben an Gott!" dokumentiert wird. (P. Dahm, Miriam-Verlag, Jestetten 1972)

Ein Augenzeugenbericht aus Moskau, zum ersten Mal in der amerikanischen Zeitschrift „Arizone News" veröffentlicht, schildert die Aufführung eines antireligiösen Theaterstückes.

Man stelle sich vor: auf einer kommunistischen Bühne in Italien, Frankreich oder der DDR würde ein antichristliches Stück aufgeführt. Ob sich dann wohl ähnliches wie in Moskau ereignen würde? Ich bin fest davon überzeugt: nie und nimmer. Einen solch erschütternden Ausgang kann es nur im tief religiösen Rußland geben, ein Ende, an das niemand im Traum vorher gedacht hätte.

Im Moskauer Staatstheater sollte die Premiere des seit langem angekündigten Stückes „Christus im Frack" stattfinden. Schulen, Komsomolzen und Jungarbeiter waren aufgefordert worden, das Stück in ihr Kulturprogramm aufzunehmen und zu diskutieren. Es wurde aber vom Spielplan abgesetzt und kam nicht mehr zu weiteren Aufführungen.

Für die Hauptrolle des Christus war der berühmte Schauspieler und Kommunist Alexander Rostowzew vorgesehen. Kein Wunder, daß das Theater bis auf den letzten Platz ausverkauft war.

Auf der Bühne hatte man einen mit Schnaps- und Bierflaschen übersäten „Altar" aufgebaut und in eine Bartheke umgemodelt, um den sich betrunkene und grölende Popen, Nonnen und Mönche bewegten.

Zu Beginn des zweiten Aktes betritt Rostowzew die Bühne. In seinen Händen hält er die Heilige Schrift, aus der er die beiden ersten Verse der Bergpredigt Jesu vorzulesen hat.

Laut Regieanweisung hatte er mit Witzen und Clownereien die Zuschauer zu Lachstürmen hinzureißen. Alles, was ja mit Christus und Aberglauben zusammenhing, war ein einziger Spaß und lächerlicher Ulk.

Nach Verlesen der beiden Verse sollte der Schauspieler in den Ruf ausbrechen: „Reicht mir Frack und Zylinder!"

Rostowzew beginnt und liest die Verse aus der Heiligen Schrift:

„Selig sind die Armen im Geiste, denn ihrer ist das Himmelreich.

Selig sind die Sanftmütigen, denn sie werden das Land besitzen."

In wenigen Augenblicken würden Lachstürme losbrechen, schmunzelt der Regisseur hinter den Kulissen in sich hinein, jetzt müßte der Schauspieler Buch und Obergewand wegwerfen und nach Frack und Zylinder rufen. Aber nichts von dem geschieht, Rostowzew liest weiter: „Selig die Trauernden, denn sie werden getröstet werden."

Und dann schweigt er. Das Publikum rührt sich nicht, es spürt sofort, daß in Rostowzew etwas vor sich geht. Alle halten den Atem an. Dann, nach kurzer Unterbrechung, liest er weiter. Seine Stimme hat nun einen anderen Klang. Die Macht des Gotteswortes scheint ihn zu ergreifen. Im Theaterrund ist es totenstill. Der Staatsschauspieler tritt mit der Heiligen Schrift an die Rampe, schaut wie gebannt in das Buch und liest ... und liest ... alle 48 Verse des 5. Kapitels des Matthäus-Evangeliums.

Niemand unterbricht ihn, alle lauschen seinen Worten, als stünde der Herr Jesus selber vor ihnen und nicht ein Mann namens Rostowzew ...

„Ihr sollt vollkommen sein, wie euer Himmlischer Vater vollkommen ist", kommt es leise von den Lippen des Schauspielers. Aber jeder versteht ihn und neigt sein Haupt. Rostowzew schließt das Buch, und es sieht aus, als tue er damit auch für sein Leben Endgültiges. Er bekreuzigt sich nach orthodoxer Art und spricht laut und vernehmbar die Worte des Schächers am Kreuz: „Herr, gedenke meiner, wenn du in dein Reich kommst!“

Was als Spiel des Hohns und der Verspottung Christi gedacht war, wurde zu einer Predigt Jesu und zum Glaubensbekenntnis eines Mannes, der auf der Höhe seines Ruhmes vom Mut der Märtyrer überwältigt wurde.

Niemand schrie oder pfiff oder protestierte, stumm verließen alle das Theater. Es war wie nach einem Gewitter: Der Blitz hatte eingeschlagen und alle getroffen.

Das Stück kam nie zur Aufführung, und Rostowzew war nach jenem Premierenabend für immer verschwunden.

Gott wird seiner gedenken.

Kirche im Osten

Die Hagia Sophia (GR.: Heilige Weisheit) in Kiew

„Die Strahlenkreuze der Goldkuppeln ragen in den Himmel!

Sie warten auf den Tag, an dem sich in der Kirche der Weisheit die Gebete der Gläubigen wieder erheben."

(„Millionen in Rußland glauben an Gott!" von P. Chrysostomus Dahm, Miriam-Verlag, D-7893 Jestetten)

„Wenn man tut, was ich euch sage,
werden viele Seelen gerettet werden,
wird Rußland sich bekehren, und
es wird Friede sein!"

„Am Ende wird mein Unbeflecktes Herz triumphieren!", sagt am 13. Juli 1917 die Erscheinung zu den Kindern in Fatima.

Man sieht, wie positiv die Fatima-Botschaft ist und ebenfalls, wie tragisch es ist, wenn man sie nicht oder zu wenig beachtet. Sie geht jeden Menschen an.

Alle Menschen dieser Erde werden das gute oder das schreckliche Schicksal erleben, das mit der Anerkennung oder Ablehnung Fatimas unlösbar zusammenhängt!!

Fatima-Madonna

Literaturhinweise

„Aufrüsten, um abzurüsten" — Studiengruppe Militärpolitik, Rowohlt-Verlag;

„Katholiken und Atomwaffen", Pahl-Rugenstein G.m.b.H., Köln;

„Falschspiel mit der Abrüstung", Alva Myrdal, Rowohlt-Verlag;

„Der Zukunftsschock", Alvin Toffler, Droemer-Verlag;

„Aufbruch ins 3. Jahrtausend", L. Pauwels; J. Bergier, Heyne-Verlag, München;

„Der moderne Mensch", Hans Pfeil, Johannes-Verlag, Leutesdorf/Rh.;

„Gefangen in Raum und Zeit, Unsere Sinne und die Grenzen der menschlichen Vorstellungskraft über das Wesen der Schöpfung", Heinz Haber, Rowohlt-Verlag;

„Kampf ums Überleben, das Menschenrecht auf Energie", Anton Zischka, Econ-Verlag, Düsseldorf-Wien;

„Leben und Überleben, Einführung in die Zivilisations-Ökologie", Harald Stumpf, Seewald-Verlag, Stuttgart;

„Der Jahrtausendmensch", Robert Jungk, Bertelsmann-Verlag, München;

„Otto Hahn", Biographie v. Klaus Hoffmann, Verlag Neues Leben, Berlin;

„Einstein und das Universum", Lincoln Barnett, Fischer-Verlag;

„Brot für alle oder Tod für alle", Ign. Michaelis, Vienerius, Münster;

„Maria spricht zur Welt", Prof. Dr. L. Gonzaga da Fonseca, Tyrolia-Verlag, Innsbruck-Wien-München;

„Franziskus, rette meine Kirche", Karl Ipser, Christiana-Verlag,Stein/Rhein (Schweiz);

„Schwester Lucia spricht über Fatima", Postulacao, Fatima-Portugal;

„Das dritte Geheimnis von Fatima" in „Theresa Musco 1943-1976", P. Gabriel M. Roschini in „Das Zeichen Mariens", 14. Jahrgang, Nr. 4, Immaculata-Verlag, St. Gallen;

„Ich wurde in Lourdes geheilt", Ida Lüthold-Minder, Christiana-Verlag;

„Fatima-Rom-Moskau", P. Dr. Otto Bohr, Postulacao, Fatima;

„Die stärkste Kraft der Welt", Frank C. Laubach, Oesch-Verlag, Zürich;

„Das größte Wunder ist der Mensch", Dr. med. Siegfried Ernst, Martin-Verlag, Buxheim;

„Dein ist das Reich", Siegfried Ernst, Christiana-Verlag;

„Christuswärts", Max Thürkauf (Glaubenshilfe gegen den naturwissenschaftlichen Atheismus), Christiana-Verlag;

„Beten verändert", Roland Braun, Rolf Kühne-Verlag, Kassel;

„Die große Botschaft von La Salette", J. Maria Höcht, Christiana-Verlag;

„Das Ultimatum Gottes", Hans Baum, „Die entschlüsselte Apokalypse als letztzeitliches Angebot des Heiligen Geistes", Christiana-Verlag;

„Die apokylyptische Frau aller Völker", Kommentare zu den Amsterdamer Erscheinungen und Prophetien", Christiana-Verlag;

„Amsterdam: Es wird sich mit den Jahren herausstellen", Dr. G. Th.H. Liesting S.S.S., Miriam-Verlag, Jestetten;

„Die Botschaften der Frau aller Völker", F. Künzli, Miriam-Verlag;

„Das Zeichen des lebendigen Gottes", Heinrich Eizereif, Christiana-Verlag;

„Anna Katharina Emmerich, Visionen", P.C.E. Schmöger, Immaculata-Verlag, CH-6015 Reussbühl/Luzern;

„Von der Lebenskraft des Glaubens", Heinr. Fries, Herder-Bücherei;

„Christliche Prophetie und Nuklearenergie", Bernh. Philberth, Christiana-Verlag;

„Das irdische Gleichgewicht", Herbert Gruhl, „Ökologie unseres Daseins", Erb-Verlag, Düsseldorf;

„Das Schicksal der Erde", Jonathan Schell, R. Piper & Co., München;

„So sprach Maria in Garabandal", Robert Francois, Weto-Verlag, Meersburg;

„Offenbarungen an einen Priester", I. „Du weißt, daß ich dich liebe"; II. „Mut, meine Söhne"; III. „Erlöse uns von dem Bösen"; IV. „Nicht ich, meine Söhne, habe diese Stunde gewollt"; V. „Das Maß ist voll"; VI. „Die Menschheit an der Schwelle der Befreiung", Parvis-Verlag, Ch-1631 Hauteville / Schweiz;

„Millionen in Rußland glauben an Gott", P. Chrysostomos Dahm OSB, Miriam-Verlag, Jestetten;

„Der Archipel GULAG, Arbeit und Ausrottung, Seele und Stacheldraht", Alexander Solschenizyn, Scherz-Verlag, Bern;

„Melanie, die Hirtin von La Salette", Paul Gouin, Christiana-Verlag;

„Fatima und der Friede", A.J. Fuhs, Weto-Verlag, Steyler-Verlag;

Leben und Prophezeiungen der Jeane Dixon, Turm-Verlag, Bietigheim / Württ.;

„Anneliese Michel und ihre Dämonen", Felicitas Goodman, Christiana-Verlag;

„Friede ohne Fragezeichen", Fulton J. Sheen; Friedr. Pustet, Regensburg;

„Der harte Weg zum Frieden, Eine neue Strategie", Amitai Etzioni, Vandenhoeck & Ruprecht in Göttingen;

„Anstiftung zum Christentum", Hans-Jürgen Schultz, Kreuz-Verlag, Stuttgart-Berlin;

„Wozu ist das Christentum gut?", Heinz Zahrnt, Deutscher Taschenbuch-Verlag;

„Jesuiten, eine kritische Selbstdarstellung von einem Autorenteam S.J.", Herder-Bücherei, Band 532;

„Wir brauchen Priester", Ferd. Klostermann, Veritas-Verlag, Linz;

„Kleines Konzils-Kompendium", Alle Konstitutionen, Dekrete und Erklärungen des Zweiten Vaticanums, Herder-Bücherei, Band 270 / 71 / 72 / 73;

„Liebe verwandelt die Welt", herausg. Klaus Hemmerle, Mathias Grünewald-Verlag, Mainz;

„Der Bischof antwortet", Heinr. Tenhumberg, Butzon und Bercker,Kevelaer;

„Kirche für eine größere Welt", Analyse-Kritik-Reform, N.M. Wildiers, Herder-Bücherei;

„Rückbesinnung auf Christus", Friedr. Wilh. Foerster, Katholon-Gemeinschaft Walkerstein Törbel / Schweiz;

„Die Miterlöserin im Spiegel der Apokalypse, der Schrift, der Lehre, der öffentlichen Meinung", herausg. ‚Ökumenischer Arbeitskreis', Pattloch-Verlag, Aschaffenburg;

„Populorum progressio", Papst Paul VI., Herder-Bücherei, Basel-Wien;

„In der Kirche hat die Zukunft schon begonnen", „Redemptor hominis", Papst Johannes Paul II., Christiana-Verlag;

„Haben oder Sein", Die seelischen Grundlagen einer neuen Gesellschaft, Erich Fromm, Deutsch von Brigitte Stein im Deutschen Taschenbuch Verlag;

„Zeitoun — Die Frau kehrt nach Ägypten zurück", ein Bericht von P. Jerome Palme OSB, herausg. von Franz Graf von Magnis in Zusammenarbeit mit der deutschsprachigen Arbeitsgemeinschaft DIE FRAU ALLER VÖLKER, D-8702 Würzburg 1, Postfach 349.